これだけは知っておきたい

労働法のジョーシキ

アトラス総合事務所　社会保険労務士

安藤幾郎

TAC出版

はじめに

テレビや新聞などで頻繁に労働問題が取り上げられ、労働問題は身近に感じられるようになってきました。それに伴い、労働者の権利意識も徐々に高まっているようです。

残業代の未払い問題はよくある労働問題の典型ですが、決まって次のような会話が繰り広げられていることでしょう。

「社長、残業代の未払いがあります。ちゃんと支払ってください。」
「給料はちゃんと支払っているでしょ？　景気が悪いのは君も理解しているよな？」
「でも社長、労働基準法には残業代を支払うように書いてあります。労働者には残業したら残業代をもらう権利があるんです。」

さてこの後、一体どうなるのでしょうか？

実は、このようなことは会社にとっても従業員にとってもプラスにはならないのです。

労働者は会社に不信感を抱き、会社は従業員を適切に管理することが難しくなります。

こうして、会社と従業員の関係が悪化して、そのうち仕事がうまく回らなくなったり、優秀な人材が流出してしまったり、会社にとっても従業員にとってもマイナスの職場になっていくのです。

こうなると会社にとっても従業員にとっても不幸なことになってしまいます。

このケースでは、会社が労働法を知り、それを守って労務管理をしていればこのようなことにはならなかったはずです。

労働法は職場を守るための法律なのです。つまり、労働法は会社と従業員の両方を守る法律だと言えます。

従業員は労働法の知識を身につけて自分の身を守り、さらには、会社も労働法を理解しながら円満な労働関係を構築することによって発展し続けていくことが必要となります。

本書では、これから働き始める方（もちろん、すでに働き始めている方も）が知っておくべき労働法の内容を、働く場で実際によく起こるケースを中心に講義形式で、わかりやすく、かつ丁寧に解説しています（労働条件の最低基準を定めた『労働基準法』を基に、それぞれのテーマに必要な法律も照合しながら、説明展開しています）。

最近よく耳にする「内定取り消し」や「名ばかり管理職」「雇い止め」といった話題のキーワ

ードについても漏れなく触れています。また、改正が予定されている労働基準法や育児介護休業法の最新法改正情報についても解説しています。

本書が、働く方々に、働くうえで自分を守るために必要な労働法の知識を提供することができれば幸いです。

平成二十二年三月

アトラス総合事務所
社会保険労務士　安藤　幾郎

＊本書の内容は、平成二十二年三月末日現在の法令等に拠っています。

CONTENTS

CONTENTS

★有給休暇はいつ、どんなふうに使おうが、コチラの勝手!? …… 96
★パートの有給休暇 …… 98
★有給休暇は半日単位でも取れる? …… 102
★有給休暇の計画付与とは? …… 103

5 管理監督者　管理監督者には労働時間の上限がない? …… 107
★管理職=管理監督者ではない! …… 107
★管理監督者には残業代NOペイでもよいコンキョは? …… 109
★「機密の事務を取り扱う者」など、労働時間等のルールが適用されないヒトがいる …… 111

第4章　ワケありで長期の休みが取れる場合　～労働条件②　産前産後休業等／育児・介護休業等／休職 …… 115

1 産前産後休業等　産前産後休業・育児時間は必ず取らせてもらえる? …… 116
★産前産後休業はいつからいつまで取れる? …… 116
★プレママと新米ママさんには時間外労働や休日労働、深夜労働の免除が! …… 119
★子育てママのための「育児時間」 …… 122

2 育児・介護休業等　育児・介護休業制度改正。そのメリットは? …… 126
★育児休業を取得できる人・できない人 …… 126
★いつまで取れる?　育児休業の期間 …… 129

第1章

入社のときには

~内定／試用期間／身元保証／労働条件の明示

第1章　入社のときには

1 内定　内定の取消しって簡単にできるの？

◆労働契約は「内定の段階」で成立。内定の取消しは解雇と同じような意味を持つ。したがって、内定の取消しは簡単にはできない。

★内定で「労働契約」が成立する!?

僕の従弟がただいまリクルート中。先日早々と第一希望の企業から「内定」をもらったって喜んでいるんですけど……。でもここのところのご時世で、世間じゃ内定取消しなんかも結構行われてるっていうから、再来年の入社までは安心できないよね、って言ってたんですよ。

内定を受けてから実際に働き始めるまでの期間はどんな身分なのか、それも気になるところでしょうね。ここは「内定」の法律的な意味を教えておいてあげるといいんじゃないかな――そう、**「内定」イコール「労働契約の成立」**とされているんですね。

だから、就職試験を受けて会社から内定を受けたら、労働契約が成立したことになるわけです。

内定通知で労働契約が成立

法的には**「入社試験の申込み＝労働契約申込み」**であり、**「内定通知＝労働契約申込みの許諾」**という意味がある。最高裁判所の判例でも「会社が採用を内定したら、そのときに労働契約が成立する」としている（大日本印刷事件）。

★内定取消しって簡単にできるの？

実際に働き始める前に労働契約が成立するっていうのも、なんだか変な感じだけど……。でも、とにかく内定を出すと労働契約が成立するのなら、内定を取り消すと――そうだ、それって「解雇」っていうことになるんですかね？

そういうことになりますね。**内定取消しは解雇と同じように考えることができます。**さて、その「解雇」ですがね――。解雇をするには解雇するだけの「正当な理由」というものが必要なのです。内定を取り消すにも、それなりの正当な理由が必要ということになります。

準平　そうですよね。「内定を出したものの、どうもあなたは当社に合わないような気がしてきましたので、内定を取り消します」みたいな、あいまいな理由で内定を取り消されたんじゃ、たまったもんじゃないですもんね――。

準平　あっ、でも逆に、「正当な理由」があれば内定を取り消せるっていうことになるわけですよね。

じゃあ、どういう理由なら**「正当な理由」**といえるんでしょう？

先生　例えば、**学校を卒業できなかった**とか、**病気にかかったり、その他何らかの事情で勤務できなくなった**、という場合には内定を取り消すことができると考えていいでしょう。

先生　また、**履歴書などの書類にウソを書いていて、それが仕事にも影響を与える場合**なんかも内定取消しの理由になります。例えば、仕事をするためにある資格が必要で、履歴書には「資格あり」と書いていたけど、実際にはその資格を持っていなかった、などですね。

準平　まあそんな会社ダマすようなことしちゃ、自業自得ですけど……。

で、気になるのは――昨今のご時世の、ほら、「内定を出したけれども、会社の経営悪化のために内定取消し」なんて結構ニュースでも取り上げられましたよね。こんなのアリなのかなあって思いましたけど……。

先生　こういう場合は、**経営悪化の「程度」によっては「それもアリ」**ということになるでしょうね。**内定を出したときにはそこまで経営悪化するとは予想できず、実際採用することが非常に困難であると認められる場合**に限って、内定の取消しができる、と考えるべきですね。

準平　ということは、内定を出しておいて、ちょっと経営がうまくいかなくなったからって、一方的に内定取消しをすることはできないってことですね。

うーん、とりあえずは従弟もこれで少しは安心するかなあ。

内定を取り消すには「正当な理由」が必要

内定の取消しは自由にできるものではなく、内定を取り消すのにふさわしいそれなりの**正当な理由が必要**。ちなみに先の最高裁判例〈↓3頁〉でも「採用内定の取消し事由は、採用内定当時知ることができず、また知ることが期待できないような事実であって……採用内定を取り消すことが……客観的に合理的と認められ、社会通念上相当として是認することができるものに限られる」との理由から、当該事案での内定取消しは権利の濫用として、これを無効としている。

▼**内定取消し事由として認められるもの**

○学校を卒業できない　○病気やけがで勤務できない　○犯罪行為があった　など

★内定期間中の研修を欠席したら内定取消しになってしまう？

そうそう、その従弟の内定の決まった会社で、内定者対象の研修が行われるらしいんですけど、彼はちょうど、結構大事な学内行事と重なるらしくて――。どうしようって迷ってましたけど、それでもし研修を欠席したら、そういうことで内定取消しの「正当な理由」になるようなことは――？

内定期間中は学生の身分、学生の本業は勉強ですからね。研修の参加を強制することはできませんよ。研修日をずらすとか研修自体を免除するなど、会社は内定者の学生生活に配慮する必要があるでしょうね。

そういう**配慮もせずに、研修欠席を理由に内定を取り消す**ことなんて、できません。

内定期間中には内定者に研修参加を強制することはできない

いくら内定イコール労働契約の成立であっても、**内定期間中に研修の参加を強制することはできない**。内定者の生活に配慮が必要。

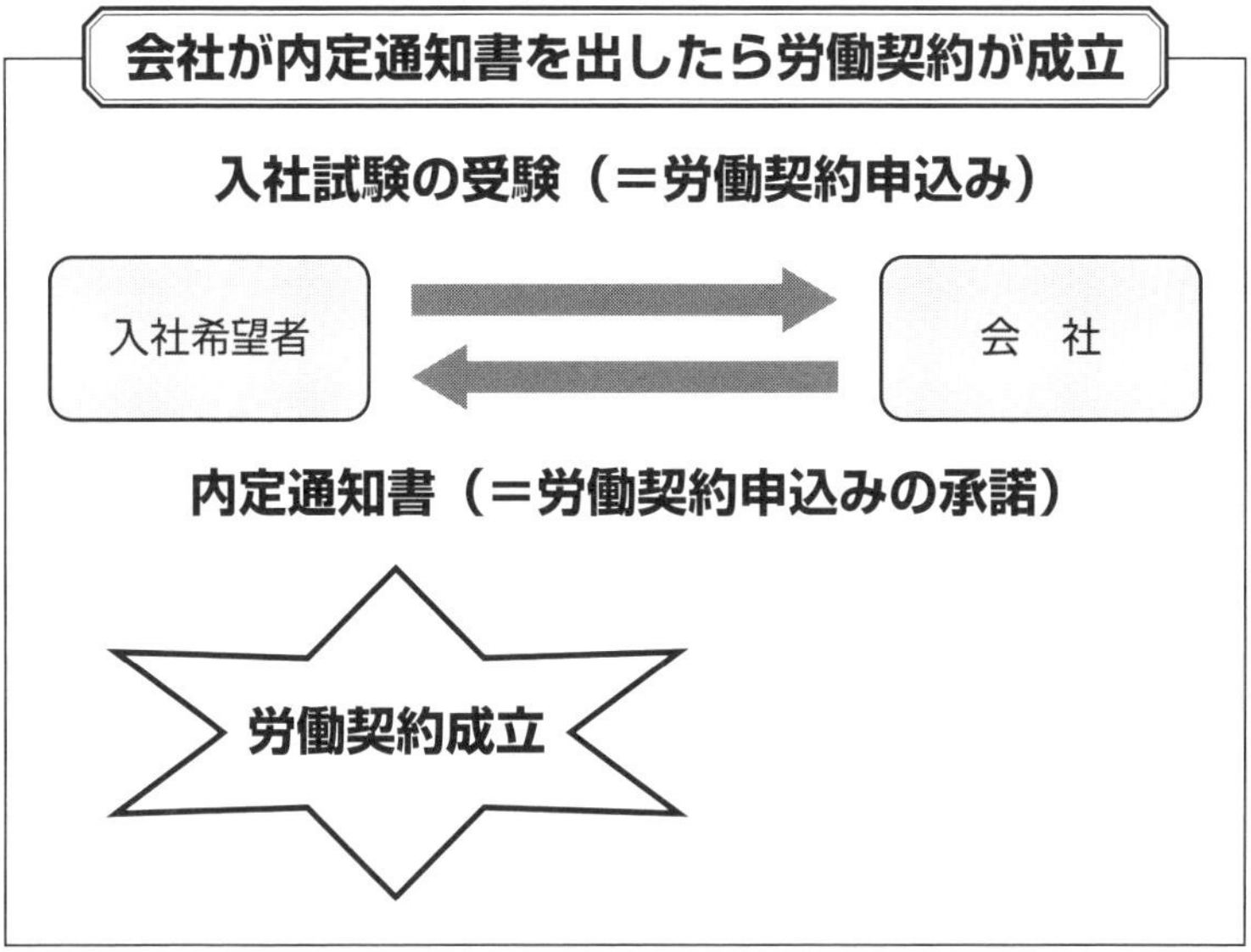
会社が内定通知書を出したら労働契約が成立
入社試験の受験（＝労働契約申込み）
入社希望者
会　社
内定通知書（＝労働契約申込みの承諾）
労働契約成立

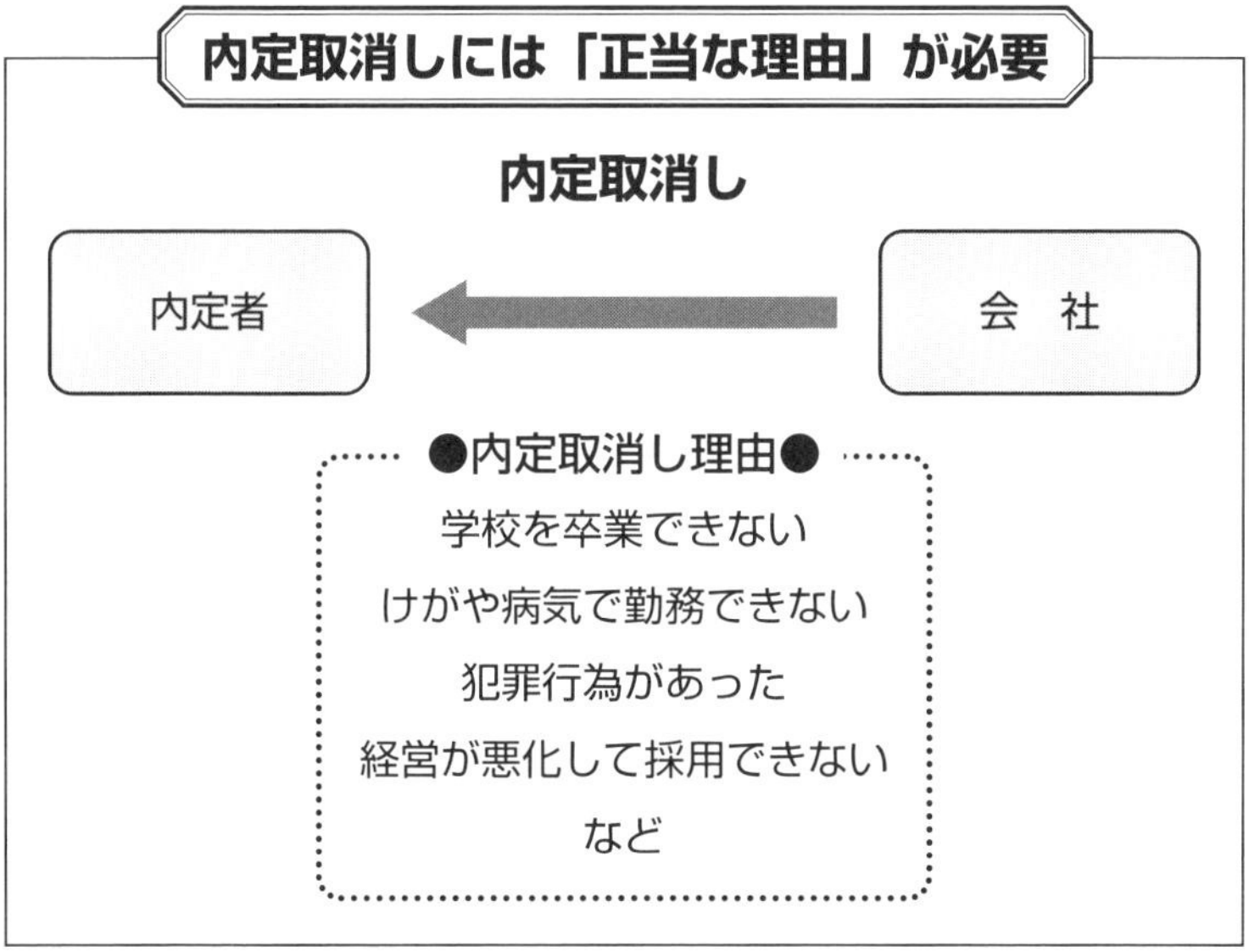
内定取消しには「正当な理由」が必要
内定取消し
内定者
会　社
●内定取消し理由●
学校を卒業できない
けがや病気で勤務できない
犯罪行為があった
経営が悪化して採用できない
など

2 試用期間　採用「お試し期間」の意味は？

◆試用期間は会社が労働者の適性を見極め、本採用するかどうかを決めるためのもの。ただし本採用の拒否は解雇と同じなので、正当な理由なく本採用拒否はできない。

★「採用お試し期間」はなんのため？

内定決まって、ちゃんと入社できて……ホッとしてたら、ウチの会社の場合、「試用期間」なんていうのがあったんですよ。こういうのって普通なんですかね？

入社後にいわゆる「試用期間」を設けている会社は多いですね。一般的には「試用期間」は、**入社した労働者が、今後会社で問題なく業務をこなせるか**どうかを見る期間——つまり、試用期間中に労働者の勤務態度や能力を見極めて、本採用するかどうかを決める期間、ということです。

準平　それにしても、購入前にお試しサンプルで試してみて、合わなかったら買わないなんて、商品ならカンタンですけど、こっちは将来かかってますからね。もし、試用期間中に「能力ナシ」とされて本採用されずに、試用期間後は辞めさせられてしまうんじゃ、トホホですよね……。

先生　でもね、その可能性もあるんですよ。試用期間中に能力不足がわかって、今後、会社で仕事をすることが無理だと判断された場合には、本採用拒否されることもあります。

もっとも、本採用拒否にはそれなりの「正当な理由」が必要ですがね。

準平　——というと、前にうかがった「内定取消しは解雇と同じように考えられるから、それなりに正当な理由が必要」というのと同じようなことですか？

先生　試用期間といえどもすでにその会社の「労働者」、労働契約期間中なんです。労働者になる前の内定取消しは解雇モドキでも**「本採用拒否」はまさしくイコール「解雇」**。まっとうな「正当な理由」が必要です。

準平　ただ「気にくわない」「なんとなく会社と合わない」じゃあ理由にならないですよね。

先生　そう、**著しく能力不足**とか**勤務態度不良**というようなことにしても、ひとつの理由としては挙げられますがね、しかしそれも**きちんと教育指導してもダメだったとなれば**、の話ですね。

先生　それからすでに労働者として雇用されているからには、**労働基準法も適用**になります。
そうすると――解雇についてはいずれ詳しくお話しますが〈↓184頁以下〉、解雇をするときには**30日以上前に解雇予告をするか、あるいは解雇予告手当というものを支払う**ことが、労基法でも決められていますからね。これは**本採用拒否の場合にも必要**になるのです。

試用期間と本採用拒否

①**試用期間…入社試験などではわからなかった本人の性格や仕事の能力をみて、本採用するかどうかを決めるための期間。**

この期間も**通常の労働契約期間と同様**なので、**労働基準法が適用**される。試用期間中だからといって、不当に低い給与額で働かせたり、やたらに就業時間を長くしたりすることはできない。

また試用期間は、入社労働者の**教育訓練の期間**でもある。**仕事ができない労働者には仕事を教え、勤務態度が悪い労働者には改善指導をし、それでも良くならないときにはじめて本採用拒否が可能。**

②**本採用拒否…本採用拒否は解雇と同じ。**したがって、会社が自由に本採用拒否をすることができるわけではない。**本採用を拒否するにふさわしい理由（正当な理由）**が必要。ただ単に「会社と合わない」「適性がない」といった漠然とした曖昧な理由では認められない。

なお、**本採用拒否をする際には、解雇予告または解雇予告手当の支払いが必要**（試用期間開始後14日以内であれば不要）〈↓193頁〉

★試用期間はどんなに長くてもOK？

ウチの会社では3ヵ月だったけど、試用期間の長さって決まっているものなんですか？

試用期間の長さについては特には決まりはないのですが、**制約がないからといって、あまりにも長期にわたって試用期間とすることは認められません。**試用期間は業務の適格性を見る期間。仕事ができるかどうかの判断に、そもそもそんな長い期間が必要なのか、疑問ですからね。

準平　それに、本採用されるまではこちらはある種宙ぶらりんな立場、いつまでもそんなことじゃ落ち着かないし……。すると、ウチの会社の3ヵ月というのは妥当なセンなんでしょうか。

先生　そうですね。3ヵ月くらいというところが多いようですが、半年や1年を試用期間とする会社もありますね。ま、1年を超えるとなると、これは長過ぎです。

ただし、**当初の試用期間を延長したり、更新したりすることも、可能**ではあるんです。もっともそれには、**労働者の同意がなければ、認められません**がね。

準平　つまり、会社の都合だけで試用期間の延長や更新はできない、ということですね。

先生　はい、その通りです。そんな**ダラダラと「お試し」やってるようじゃ、会社に人を見る能力があるのかどうか？**　って、こっちが試したくなりますね。

試用期間の長さと延長・更新

試用期間の長さは法律で定められているわけではない。しかし試用期間はあくまで労働者のテスト期間であり、本採用されるかどうかわからない不安な状況が続き、労働者の身分は非常に不安定。

このようなことからも、**試用期間は労働者が業務に適しているかどうかを見るのに必要と認められる最小限の期間でなければならない**とされている。一般的には3～6ヵ月くらい。ちなみに、1年の試用期間を認めた裁判例もある。

また、**試用期間の延長や更新は、会社の勝手な都合で行えるものではない。**試用期間の延長や更新は、**労働者本人の同意があってはじめて行うことができる。**

試用期間の性質

試用期間とは… ➡

- **会社が労働者の適性をみる期間**（適性判断のための期間）
- **会社が労働者に仕事を教える期間**（教育訓練のための期間）

本採用拒否はできる？

本採用拒否 ＝ **解　雇**

⬇

客観的に合理的な理由を欠き、社会通念上相当であると認められない場合は、本採用拒否は無効!!

…本採用拒否するには具体的な理由が必要ということ
「会社と合わない」「仕事ができない」といった漠然とした理由は、本採用拒否の理由にはならない

本採用拒否 ➡ 会社は、解雇予告または解雇予告手当の支払いをしなければならない

※ただし、試用期間開始後14日以内の場合には不要

試用期間の長さ

試用期間はあまりにも長過ぎたらダメ

3ヵ月	6ヵ月	1年	1年を超える期間
○	○	△	×

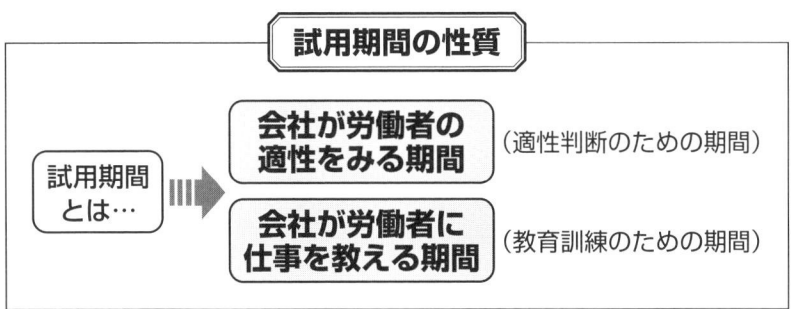

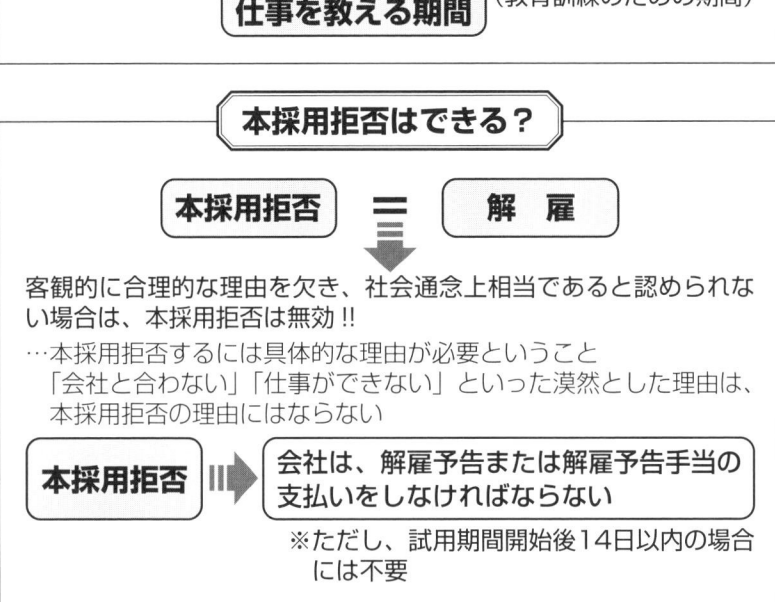

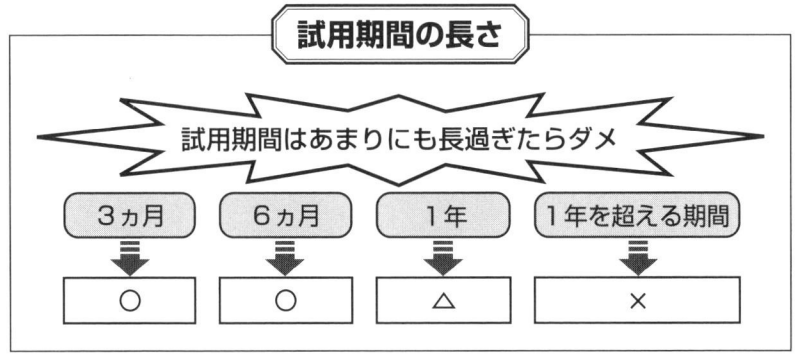

第1章　入社のときには

3 身元保証「身元保証書」は必ず提出しなければならない？

◆身元保証の期間や、身元保証による損害賠償にも制限がある。
会社は身元保証によりすべての損害を補償させることはできない。

★身元保証の保証期間には上限あり

入社のときに、「身元保証書」は必ず提出してください、なんて言われたんですよね。それで、伯父さんに頼んで書いてもらったんですけど――「身元」っていっても、いったいどんなことが保証されてるんでしょうかね、これで。

身元保証書というのは、「**労働者が仕事をしていて会社に損害を与えた場合に、労働者本人以外の人が、その損害の補償を約束する契約書**」といえますね。通常は、従業員が入社するときに会社に提出するのが一般的になっていますがね。

準平　「損害を補償する約束」といっても、どんなことが書かれてあったかなあ……。

先生　身元保証書に書かれていることで重要なことのひとつに、**身元保証の期間**があります。

身元保証の期間は、**期間を決めた場合では最長5年が限度**。だから、仮に10年間の身元保証を約束しても、実際には5年間しか効力がないんです。

一方、**身元保証に期間を定めない場合には3年が限度**になりますね。

準平　ということは——会社側からすれば、最長5年で期間を定めたほうがいいわけですね。

先生　そうですね。会社によっても異なるでしょうが、確かに5年間の期間を定めた身元保証書を提出させる会社が多いようですね。

準平　それで、身元保証期間の期限が来たら、後は——？　これは自動更新されるんですか？

先生　いやいや。**身元保証は自動更新が認められていない**ですから、**期限が来たらあらためて身元保証契約を結び直さなければならない**んですね。

この再度の契約の際、保証の有効期間も、期間が定められているときは5年、期間が定められていないときは3年が限度、ということにかわりありません。

準平　そうすると、会社によっちゃ5年ごとに提出ということもあるわけですね。僕は入社時に提出したきり、もう期限切れになってるはずだけど……ま、こっちから言い出すこともないかな。

身元保証の有効期間と更新

身元保証の有効期間は、**期間に定めがある場合には、最長5年**、つまり5年よりも長い期間を定めることはできない。**期間に定めがない場合には、3年が限度。**なお、身元保証は自動更新することができない。したがって、身元保証期間が満了したら、あらためて身元保証契約を結び直さなければならない。

★身元保証の範囲～どんな損害でも補償しなければならない？

この身元保証書の期間が有効である以上、身元保証人はどんな損害でも補償しなければならない？　今のところ問題なんて起こしてないけど、万が一そんなことにでもなったら、伯父さんには大きなメイワクってことになりますよね……そこんとこ覚悟してるのかなあ、伯父さんも。

身元保証人は、労働者本人が会社に与えた損害を補償することにはなっていますが、いかなる場合でもその損害について１００％補償しなければならないわけではありません。

準平　へえ、つまり「割引」があるってことですか。例えばどんなときに？

先生　例えば、会社が業務管理上の注意を怠っていたことも損害が発生した原因の一つであるような場合には、身元保証人の責任も軽減されることになります。

準平　なるほど、そういうときは会社と責任を折半、ってわけですね。

先生　まあそうもいえますかね、折半割合はケースバイケースになりますがね。

あとね、**「身元保証人に責任が生じるおそれがあるとき」や「労働者の業務内容や勤務地が変更になって身元保証人の責任が重くなったり、監督することが難しくなるとき」には、会社は身元保証人にこれらのことを通知しなければならない**んですが――。

先生　会社がこれらのことを**通知しないと、身元保証人の責任を軽減する理由**になります。

で、ちなみに、この通知を受けた身元保証人は、「**そんな大きな責任をとらされる可能性があ**

るんなら、この際身元保証や〜めた」というのもアリ。つまり**身元保証契約を解除することもできるんです**。だから、アナタの伯父さんもそれほどの覚悟なんてしちゃいないかもしれません。

準平　そっか……、やけにカンタンに「いいよ、いいよ。オジサンにマカセなさい！」な〜んて言えるワケだよな。

先生　ここで小バナシをひとつ。某会社の従業員が社内で横領をして会社に損害を与えた事件。これがまたずいぶん長期にわたってそういう悪事を働いていて、その横領額たるや、かなりの額にのぼっていたんですね。

で、裁判所は「そんな長期間、なんで会社は気付かなかったのよ？」ということで——**会社のズサンな管理体制が身元保証人の責任軽減の理由となった**、なんて話もあります。チャンチャン。

身元保証の範囲は限定的

労働者本人が会社に損害を与えたからといって、身元保証人は常にその損害のすべてを補償しなければならないわけではない。とりわけ、損害が発生した原因の一部が会社にある場合には、身元保証人の責任が軽減される。

またこのような場合に限らず、通常、損害発生の経緯や状況をみて、損害の補償範囲が決まる。裁

> 判例では、身元保証人の責任は損害額のおよそ2割～4割くらいを認めるケースが多い。

★「身元保証書」は会社に必ず提出しなければいけないもの？

で、この身元保証自体のことはよくわかりましたけど、そもそもこの身元保証書って、必ず会社に出さなきゃならないものなんでしょうか。

アナタも更新の話の際にちらっと言ってましたけど、もとより何も**自分のほうからワザワザ進んで会社に提出する必要はない**のです。が、**会社で提出を義務付けている場合には提出しなければなりません**ね。

先生　もっとも保証期間が切れて新規更新されていない場合、それはキチンとしない会社が悪いのですから、何かあっても、以前の契約をもとに損害を補償せよなんて会社は言えません。

準平　はあ。で、「義務付け」の場合、何をコンキョに「義務あり」といえるんでしょうか。

先生　**一般的には就業規則に記載**してあることが多いですね。きっとアナタの会社の就業規則にも書いてあるんじゃないですかね。

準平　就業規則といえば、守らなければならない会社のルール。これに義務付けられているなら、提出しなければルール違反……、あれ、これっていわゆるチョーカイ解雇の理由になっちゃうとか？

先生　確かにねえ、**提出しないと就業規則違反**にはなってしまいますがね。それくらいでは懲戒解雇にはならないでしょうが、**何らかの処分を受ける可能性**はありますね。

就業規則に違反するとどういう処分を受けるか、についても、就業規則に明記されているはずですから、これも見ておくといいですね。

身元保証書の提出義務

就業規則などに身元保証書の提出義務について明記されている場合には、必ず会社に提出しなければならない。提出義務があるにもかかわらず提出しない場合には、懲戒解雇になることはないだろうが、何らかの処分の対象になる可能性があるので、注意が必要。

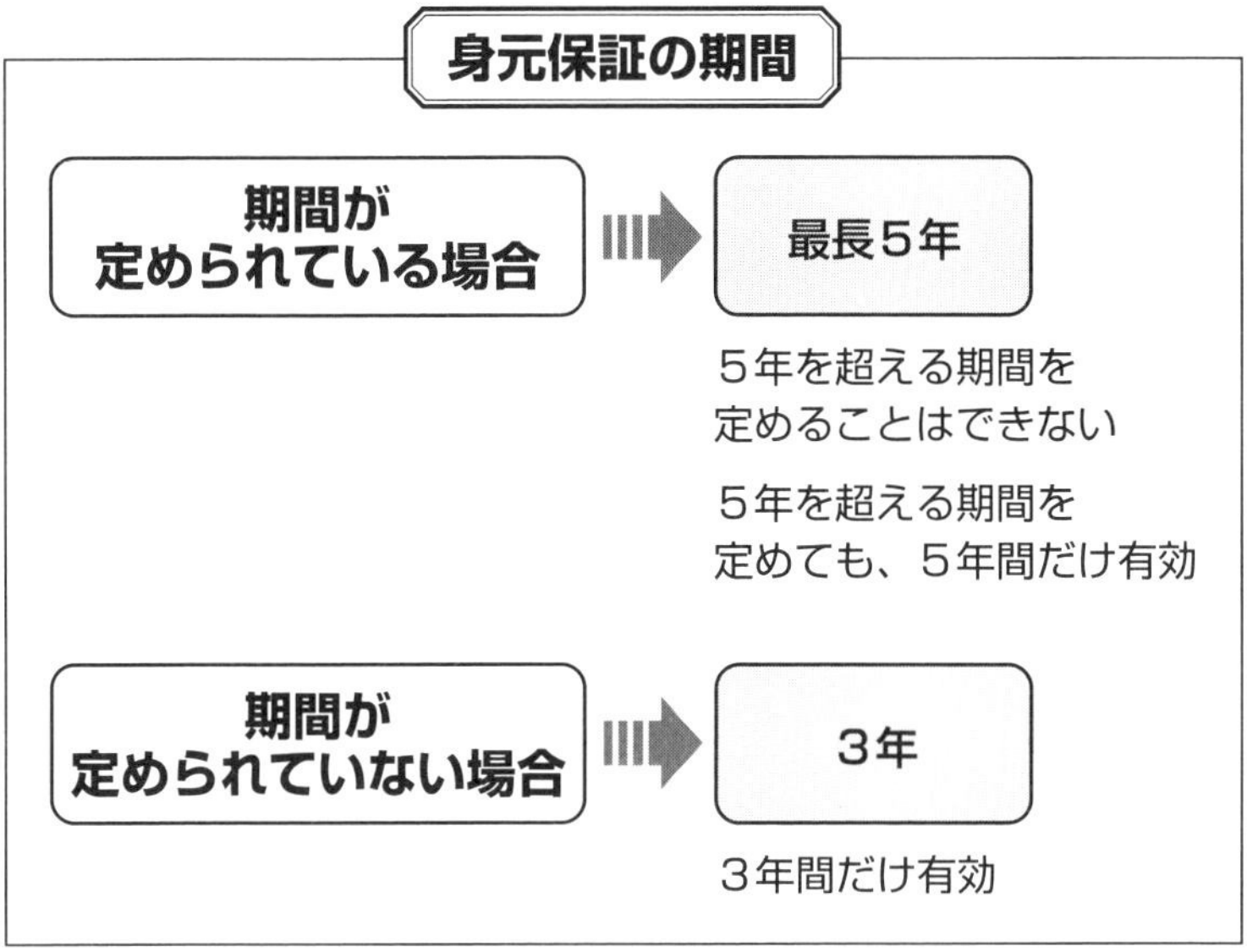
身元保証の期間
期間が
定められている場合
最長５年
５年を超える期間を
定めることはできない
５年を超える期間を
定めても、５年間だけ有効
期間が
定められていない場合
３年
３年間だけ有効

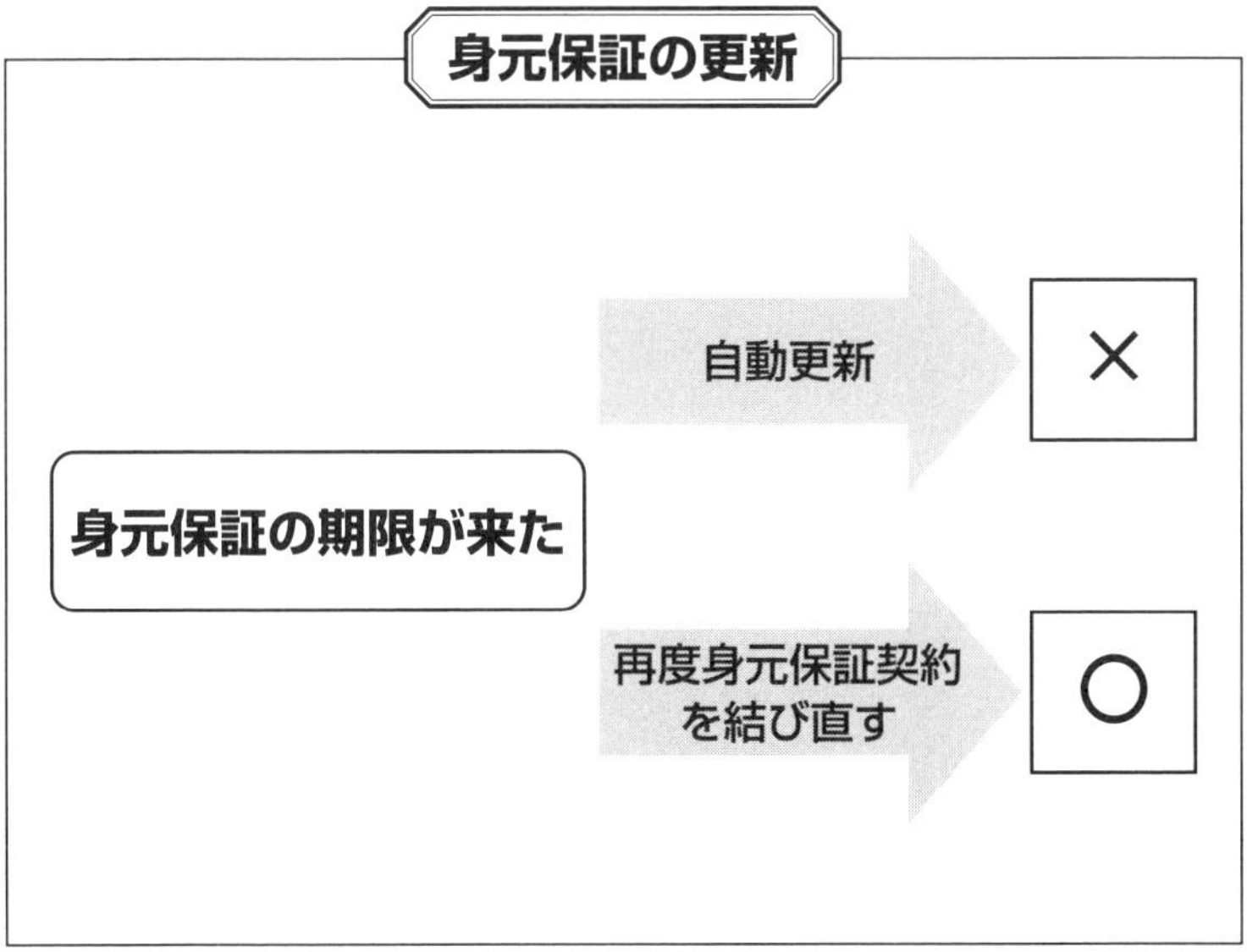
身元保証の更新
身元保証の期限が来た
自動更新
×
再度身元保証契約
を結び直す
○

第1章　入社のときには

4 労働条件の明示　働く条件を知らされていないなんて、アリ？

◆労働契約を結ぶときには、会社は労働条件を明示しなければならない。
明示しなければならない労働条件は、労働基準法で決められている。

★会社は労働条件を明示しなければならない

おや、今日はまた何をそんなに、ふてくされた顔をして……。

え〜っ、だって、聞いてくださいよ。来週の週末に友人の結婚式に出席するんで北海道に行くんですけど、その前日に1日休みとって観光でも、と思ったら、総務で「でもあなたの有給休暇はもう残っていませんから、欠勤になりますよ」だって……。

先生　あらら、そりゃ残ってる有給休暇をちゃんと確認しとかなきゃあ……。

準平　残りの有休日数っていったって――そういえば毎年有休が何日もらえるのか、今までいわれたことなんてなかったなあ。もっともそれほどしばしば休むわけではないから、なんとなくまだあるのかなあって感じで今まできちゃったし。

先生　なんかアブナイですねえ……。有給休暇もそうだけど、もしかしてアナタ、労働時間や休日、退職についてなんかも知らされていないとか……。

準平　あ、いわれてみれば、そうです。入社のときにもそこらへん、ちゃんとした説明はなかったような気がする……。

先生　アナタの会社では、いわゆる労働条件については何の説明もなかった、というワケですか。そりゃマズイですね。**労働基準法では、会社は労働契約を結ぶとき、つまり従業員が入社するときに労働条件を明確にしなければいけない**ってことが決まっているんですからね。

先生　この**「従業員」**には**パートやアルバイトも含みます**。ちなみに、パート・アルバイト労働者には、合わせて、賞与や昇給、退職金の有無についても明示しなければいけない、ということになっているんですよ。これは**パートタイム労働法**で決められています。

☞労働条件の明示義務

労働基準法では、**労働契約を結ぶときには、労働者に労働条件を明示**しなければならないことが定められている。

特に始業終業時刻や休憩時間、休暇、休日などの**重要な条件については、書面で明示**しなければならない。つまり、口頭で説明しただけではいけないということ。

★求人票と労働条件が違う！　それってアリ!?

そう。労働条件をしっかりと明示しておかないとね。後になって「給与額が少ない」とか「休暇日数が思っていたよりも少ない」といったトラブルになりかねませんからね。

そうですねえ、こないだも入社したばかりの従業員が、「なんか求人票に書いてあった条件と違う！」って騒いでたし。

先生　きっと、入社時に労働条件をハッキリしておかなかったから、そんなことになったんでしょうね。

準平　……かもなあ。あ、でも先生、入社時に労働条件をちゃんと知らせていなかったら、求人票に書いてあった条件で働く、ということになるんですか？

先生　**求人票に書いてある労働条件は、あくまでも「予定の条件」**。だから、**求人票の条件が入社後の労働条件になるとは限らない**んですね。

準平　それじゃあ、入社前にも労働条件をしっかりと確認しておくほうがいいってことですよね。

先生　そうですね。後々のことも考えたら、ちゃんと確認しておかなければいけませんね。

それにしても、会社も、求人票の条件と入社後の条件がずいぶん違ってくるようなら、入社前にキチンと説明しておくべきですねえ。そもそも入社してくる人は、求人票に書いてある条件を期待して入社してくるんですからね。

求人票の労働条件と入社後の労働条件が同じとは限らない

求人票に書かれた労働条件がそのまま入社後の労働条件になるわけではないので、**入社後の労働条件を、入社前に必ず確認しておく**こと。

労働条件の明示義務

～明示しなければならない事項～

●必ず明示しなければならない事項●

◇労働契約の期間
◇就業の場所、従事すべき業務
◇始業終業時刻、所定労働時間を超える労働の有無
◇休憩時間、休日、休暇
◇労働者を２組以上に分けて就業させる場合の就業時転換について
◇賃金の決定、計算方法、支払方法、締切りおよび支払の時期
◇退職に関する事項

→ **書面で明示しなければならない**

◇昇給について

→ **書面でなくてもOK**

※昇給に関しては必ず明示しなければならないが、書面でなくてもOK

◇賞与、昇給、退職金の有無

→ **パート労働者には合わせてこれらも書面で明示しなければならない**

●定めがある場合には明示しなければならない事項●

◇退職手当の定めが適用される労働者の範囲、退職手当の決定、計算、支払の方法、支払の時期に関する事項
◇臨時に支払われる賃金、賞与などに関する事項
◇労働者に負担させる食費、作業用品、その他に関する事項
◇安全・衛生に関する事項
◇職業訓練に関する事項
◇災害補償、業務外の傷病扶助に関する事項
◇表彰、制裁に関する事項
◇休職に関する事項

→ **書面でなくてもOK**

第2章

会社のルールと会社との「お約束」

~就業規則/労働契約

第2章　会社のルールと会社との「お約束」

1 就業規則 会社の「就業規則」にはどんなことが書かれている？

◆従業員が10人以上いる会社は、就業規則を作成し、労働基準監督署に届け出なければならない。また、届け出た後には従業員に就業規則を周知させなければならない。

★就業規則は会社に必ずあるもの？

「就業規則」かあ――。あれえ、ウチの会社にあったかな……。

アナタの会社には**従業員が10人以上**いるでしょ。そういう会社では**必ず就業規則を作らなければならない**ので、あるハズですよ。ちなみにこの**「従業員」にはパートやアルバイトも含みます**からね。まあ、たいがいの会社には就業規則はあるっていうことになるでしょうね。

準平　そうなんですか。それは初めて知りました、けど、入社してから今まで一度も見たことがないんですよね、その就業規則。ホントにあるのかなぁ？

先生　会社によっては従業員に配布しているところもありますがね。ま、人事や総務あたりにあるでしょうから、一度行って、見てきたらどうでしょうかね。なにしろ**就業規則は会社のルールブック**。しっかりと内容を見ておかないとね。

先生　ああそうだ、それとその就業規則に、労働基準監督署に届け出た印があるかどうかも、確認しておいたほうがいいですね、従業員が10人以上の場合には。**就業規則を作成したら、それを労働基準監督署に届け出なければならない**のですがね。労働基準監督署に就業規則を届け出れば、**届け出たことを証明する印を押してくれる**ことになっているんです。

就業規則の作成義務と届け出義務

従業員が10人以上の会社は就業規則を作成しなければならない。
この「従業員が10人以上」とは、**事業場ごと**にみる。例えば支店が複数ある場合、それぞれの支店に10人以上の従業員がいる場合には、それぞれの支店ごとに就業規則を作成する。
また、就業規則を作成したら、**労働基準監督署へ届け出**なければならない。就業規則を届け出るときには、**労働者代表の意見**を聞かなければならない。

★就業規則は労働者に「周知」しなければならない

見てきましたよ、就業規則。もっとも、法律がわからないとなかなか理解できないもんですね。もっとわかりやすく書いてくれればいいのに……。

それに、見せてもらうまでにもひと騒動でしたからね。

おや、簡単に見られるような場所にはなかったんですか――？

ところでドコにあったんです？　おタクの会社の就業規則は。

準平　社長室の戸棚の中ですよ。しかも見たいってお願いしたら、見せるのを渋っちゃって、ウチのおツボネ……じゃなくて、社長秘書が。

「普段は見せるものではないんですけどね、んまっ、今回だけは特別に……」なあんてね。

先生　それはイケマセンね。就業規則は「**労働者への周知義務**」ってものがあるんですからね。

準平　「シュウチ」――、隠さなきゃならないような恥ずかしいモノでも……？

先生　……あのね、「羞恥」じゃなくて、「周知」。

簡単にいうと、掲示など**労働者が見たいときにいつでも見ることができる状態にしておかなければならない**ということ。だから冷蔵庫なんかにコッソリ隠しておいちゃいけないってことです。

準平　まさか冷蔵庫はないと思うけど……。いずれにしてもウチの会社の就業規則は、見たいときにいつでも見られるワケではないから、周知されていないってことになりますね。で、そういうのは、やっぱり労働基準法に違反するワケですかね。

先生　ピンポ～ン。**就業規則を周知することは、労働基準法で定められているのです！**

就業規則の周知義務

作成した就業規則は**労働者に周知**させなければならない。また、就業規則を交付したり、掲示・備え付けたりして、**労働者がいつでも内容を確認し、理解できるように**しておかなければならない。

裁判所の判例では、周知していない就業規則の効力を無効としたケースがある。

★就業規則に「必ず書いておかなければならないこと」

で、この就業規則には、必ず書いておかなければいけないことがあるんですね。
重要な労働条件などは、まず、必ず書いておかなければなりませんね。

勤務時間や休みの日なんかは重要だから、じゃあ、必ず書かれているわけですね。

先生　その通り。こういった**必ず書いておかなければならないこと**を「**絶対的必要記載事項**」といいます。どういうことが絶対的必要記載事項かは、ちゃんと**労働基準法に定められています**。

先生　例えば**始業終業の時刻や賃金**などについてですね。
それに**退職や解雇**——先に内定のところでちょっと触れましたが、解雇には「正当な理由」が必要ですね。その会社ではどういう場合に解雇されることがあるか、どういう場合に退職ということになるか、についても絶対的必要記載事項です。

準平　なるほど……、じゃ、それ以外のことは就業規則に書かなくてもいいんですか？

先生　**会社に制度があり、その制度が労働者全員に適用されるものであれば、必ず記載しなければいけない、**ということがあります。これを「**相対的必要記載事項**」というんですね。
例えば**退職金制度や賞与などの臨時的賃金**についても、この相対的必要記載事項になります。

就業規則の「絶対的必要記載事項」と「相対的必要記載事項」

「絶対的必要記載事項」…就業規則に必ず盛り込まなければならない事項
「相対的必要記載事項」…会社にルールがある場合に就業規則に盛り込まなければならない事項
いずれも、労働基準法に定められている。

就業規則の作成届出義務

※従業員数には、パートやアルバイトも含む

従業員10人以上 ➡ **作成、届出の義務あり**

従業員10人未満 ➡ 作成、届出の義務なし

就業規則の届出手順

作成 ➡ 労働者の過半数で組織する労働組合または労働者の過半数を代表する労働者の意見を聞く ➡ **労働基準監督署へ届け出**

※意見を聞くだけで、同意がなくてもOK

就業規則の周知

▼周知の方法は、例えば…

◇見やすい場所へ掲示し、または備え付ける
◇労働者に就業規則を交付する
◇磁気テープ、ディスクその他これに準ずるものに記録して、かつ労働者がその記録内容をいつでも確認できるような機器を置いておく

就業規則は周知することではじめて効力を持つ!!

絶対的必要記載事項と相対的必要記載事項

●必ず盛り込まなければならない事項●

絶対的必要記載事項	
	◇始業終業時刻、休憩時間、休日、休暇
	◇労働者を２組以上に分けて交替に就業させる場合の就業時転換に関して
	◇賃金について（賃金の決定、計算方法、支払方法、締切りと支払いの期日、昇給について）
	◇退職について（解雇の事由を含む）

●定めがある場合に盛り込まなければならない事項●

相対的必要記載事項	
	◇退職手当について（対象労働者の範囲、退職手当の決定、計算、支払方法、支払時期）
	◇臨時の賃金等および最低賃金額
	◇食費、作業用品、その他の負担について
	◇安全、衛生について
	◇職業訓練について
	◇災害補償および業務外の傷病扶助
	◇表彰および制裁について
	◇その他、労働者全員に適用されるもの

2 就業規則と労働契約　就業規則と労働契約書、どちらが優先される？

◆労働基準法・就業規則・労働契約書の優劣は、①就業規則の内容は労働基準法に違反してはならない。②労働契約書の労働条件は、就業規則のそれより悪くてはならない。

★就業規則VS労働契約書（雇用契約書）、どっちが優先される？

今日はまた、ケゲンな顔つきでまあ……何か悩みゴトでも？

普段僕らは9時15分から18時までが正規の就業時間。間に45分の休憩時間があるから、実質8時間労働ですよね……。でも、この前就業規則を見せてもらって、おツボネ……じゃなくて社長秘書に頼み込んで、１部コピーをもらっておいたんですけど、よく見たら、１日の労働時間が７時間って書いてあるんですよ。

準平　それで入社のときの労働契約書を引っ張り出してきて見てみたら、ここには8時間とあるんです――。就業規則と労働契約書の内容が違ってる、なんてこと、あるもんなんですか？

先生　基本的には就業規則に則って労働契約書を作るから、それぞれの内容が異なることはないハズなんですが……そりゃ、困りましたね。

ただこういう場合、「就業規則と労働契約書の関係」――就業規則と労働契約書のどちらが優先されるか、しっかりと法律で定められていますからね。

準平　就業規則と労働契約書には優先順位があるってことですか？　そうするとどっちが――？

先生「**労働契約法**」という法律ではね、「**就業規則で定める基準に達しない労働条件を定める労働契約はその部分については無効**とする。…（中略）…無効となった部分は就業規則で定める基準による」と定められています。

準平　あの、それってどういうことになるんでしょ？

先生　基本的には「**就業規則の労働条件が労働契約書の労働条件に優先する**」ということなんですが、いかなる場合も就業規則優先ということではありません。

先生　**労働契約書の労働条件のうち、就業規則のものよりも悪い労働条件については、就業規則の労働条件が優先される**ということです。

一方で、もし**労働契約書の労働条件のほうが就業規則より労働者にとって有利な場合は、むしろこの労働契約書のほうが優先**されることになります。

準平　要するに、**就業規則と労働契約書を比べて、労働条件が良い方が優先**されるんですね。

そうすると――、就業規則には労働時間が7時間で、労働契約書では労働時間が8時間。就業規則が優先されるというスジからいっても、それに労働契約書のほうが就業規則よりも条件がいいわけじゃないから、やっぱり就業規則のほう優先……。

先生　いずれにせよ労働時間は7時間っていうのが、本来のスジだったわけですね。

準平　はああ、今さら遅いですよ、ず～っと8時間労働で働かされてるんですから――。

先生　まあこういう場合は会社にモンク言えるんですがね。「今までタダ働きしてた分、払ってよっ!!」ってね……。ただね、単なる就業規則のミスプリってこともないとはいえませんからねえ。念のため確かめておいたほうがいいですよ。

就業規則VS労働契約書では労働条件が良いほうが優先される

就業規則と労働契約書の関係は、**労働契約法**で定められている。

就業規則の労働条件と労働契約書の労働条件を比べて、**条件のより良いほうが優先**される。

つまり、**労働者に有利**なように定められているワケ。

★労働基準法VS就業規則では、どっちが優先される？

で、就業規則と労働契約書の関係はわかったところで、お次は、労働基準法と就業規則の関係。この労働基準法と就業規則の関係は、「**労働基準法**」に定められているのですが――。

あれ、就業規則と労働契約書の関係は労働契約法で、今度は労働基準法ですか。なんだか複雑なんですね――。でその労働基準法ではどう決められてるんでしょ？

先生　ここでは「**就業規則は法令に違反してはならない**」と定められているんですね。
この「法令」には、当然、労働基準法も入ります。ですから、就業規則は労働基準法に違反しちゃいけない、ということになりますね。つまり、**就業規則よりも労働基準法のほうが優先**。

準平　でもここで、労働基準法より就業規則のほうがいい条件だったら——？

先生　ここも先の就業規則と労働契約書の関係と同様の考え方です。

就業規則の労働条件のうち、労働基準法よりも悪い労働条件については、労働基準法が優先。
でも**就業規則の労働条件のほうが労働基準法よりも良いなら、就業規則が優先**です。

先生　具体的にいえば——例えば労働基準法では「１日の労働時間は８時間まで」と定められているから、就業規則で「１日の労働時間は10時間」と定めてもダメということになります。
一方で、就業規則で「１日の労働時間は７時間」とあるのなら、これは労働者にとっては都合がいいわけですから、就業規則の７時間でＯＫ、ということになります。

労働基準法VS就業規則でも労働条件が良いほうが優先される

労働基準法と就業規則の関係は**労働基準法**に定められている。
労働基準法の労働条件と就業規則の労働条件を比べて、**労働者にとって条件のより良いほうが優先**される。

就業規則と労働契約書の関係

●労働契約法●

就業規則に定める基準に達しない労働条件を定める労働契約は、その部分については、無効とする
この場合において、無効となった部分は就業規則に定める基準による

つまり

就業規則の労働条件が労働契約書の労働条件よりも良い

就業規則の労働条件が有効になる

労働基準法と就業規則の関係

●労働基準法●

就業規則は法令または当該事業場について適用される労働協約に反してはならない

※**労働協約**＝労働条件について、会社と労働組合が結んだ約束（契約）のこと

つまり

労働基準法の労働条件が就業規則の労働条件よりも良い（就業規則の労働条件が労働基準法に違反している）

労働基準法の労働条件が有効になる

<優先順位>

＊基本的には左にいくほど優先順位が高いが、労働条件が異なる場合は、労働者にとってより有利なほうが優先されることになる

法　令　←　就業規則　←　労働契約

第2章　会社のルールと会社との「お約束」

3 労働契約の期間　労働契約期間の長さには決まりがある？

◆労働契約の期間には上限がある。
この期間を超える労働契約を結ぶことはできない。

★労働契約期間はどんなに長くてもOK？

あの〜、今日はちょっと、「労働契約期間」についておうかがいしたいことが……。

労働契約期間？　でもアナタの場合、定年まで働けるんじゃないの？

準平　いや、僕のコトじゃなくて、同じ部署にいる契約社員の山田君のこと――。彼の場合毎年1年ごとに契約更新を続けているんですが、もうかれこれ勤続5年以上になるんですよね。

それで、本人は毎年更新するのもメンドウだから、3年契約にしてもらえるとありがたいんだけどな、って言ってるんですけど――。そういうことってできるのかなあ、と思って。

先生　3年契約ですか――。契約社員にしては長いほうですが、法律上はOKですね。労働基準法では、「**労働契約に期間を設けるときには、3年を超えてはならない**」とありますからね。

準平　へえ、そんなことまで労基法で決められてるんですね。あれ、でも3年までということなら――、例えば建設工事なんかで工期が3年を超える場合なんかあるわけでしょ。そういうときはじゃあ、3年後にまた契約更新しなければならないわけですかね？

先生　いやいや、そういう場合なら3年を超えてもOKなんですね。

準平　へえ？　3年を超えてもマルだったりバツだったり、なんかテキトーって感じですけど。

先生　それほどテキトーでもないですよ、ちゃんと決まりはあります。「**一定の事業の完了に必要な期間を定めるものについては労働契約期間が3年を超えてもよい**」ことになっているんです。

建設工事の工期が決まっている＝工事完了までに必要な期間が決められているということでしょ？　だからこんな場合には、3年を超える労働契約が認められるというワケです。

準平　そうかあ。労働契約期間は最長3年までが原則だけれど、例外があるってことなんですね。

先生　そういうこと。例外はほかにもあってね。例えば、**従業員が公認会計士や税理士、社会保険労務士といったような資格を持っていて、それらの業務に就く場合には、労働契約期間の上限は5年と**されています。また、**60歳以上の者と労働契約を結ぶときにも労働契約期間の上限は5年**ですね。これには高年齢者の雇用促進というイミもあるんでしょうね。

準平　ふ〜ん、専門的な知識を持っていたり高年齢者なら、普通よりも長い労働契約期間で契約できる――。「芸は身を助く」に「亀の甲より年の劫」ってわけですね!!

先生　……なんか、ちょこっと違うような気もしますが、まあ、いいでしょう。

労働契約期間の上限…原則と例外

①原則：労働契約期間に定めを設ける場合には、労働契約期間の上限は原則3年まで

②例外：a　一定の事業の完了に必要な期間を定める場合…その必要な期間

b　専門的な知識や技術等を持ち、その専門的知識や技術等に基づいた業務に就く者と労働契約を結ぶ場合…上限5年

c　満60歳以上の者と労働契約を結ぶ場合…上限5年

労働契約期間に定めを設ける場合の労働契約期間

原　則 → **上限３年**

例　外

◇専門的な知識、技術または経験であって、高度のものとして厚生労働大臣が定める基準に該当する専門的知識や技術等を有し、その専門的知識や技術等に基づいた業務に就く労働者との間に締結される労働契約 → **上限５年**

◇満60歳以上の労働者との間に締結される労働契約 → **上限５年**

◇一定の事業の完了に必要な期間を定める労働契約 → **その必要な期間について労働契約を結べる**

●高度のものとして厚生労働大臣が定める基準に該当する専門的知識等を持つ者●

◇博士の学位を有する者

◇公認会計士、医師、歯科医師、獣医師、弁護士、一級建築士、税理士、薬剤師、社会保険労務士、不動産鑑定士、技術士または弁理士のいずれかの資格を有する者

◇システムアナリスト試験、アクチュアリー試験に合格している者

◇特許法に規定する特許発明の発明者、意匠法に規定する登録意匠を創作した者、または種苗法に規定する登録品種を育成した者

◇大学卒で実務経験５年以上、短大・高専卒で実務経験６年以上または高卒で実務経験７年以上の農林水産業の技術者、鉱工業の技術者、機械・電気技術者、システムエンジニアまたはデザイナーで年収が1,075万円以上の者

◇システムエンジニアとしての実務経験５年以上を有するシステムコンサルタントで、年収が1,075万円以上の者

◇国等により、その有する知識等が優れたものであると認定され、上記に掲げる者に準ずるものとして厚生労働省労働基準局長が認める者

第3章

休まざる者、働くべからず!?

〜労働条件① 労働時間/休憩/休日/休暇

第3章　休まざる者、働くべからず⁉

1 労働時間　1日、週、月当たり何時間まで働かされるの？

◆会社は、労働者を1週間40時間、1日8時間を超えて勤務させることはできない。この時間を超えて勤務させるには36《さぶろく》協定（労使協定）を結ばなければならない。

★労働時間には上限がある‼

そうそう、先日就業規則と労働契約書で1日の労働時間が違うって話しましたけど——。

結局あれは、大昔、会社にパソコンが導入されたばかりの頃に、就業規則をパソコンで打ち直したおツボネ……じゃなくて社長秘書のポカだったんですねえ。

みんなで「サルも木から落ちる」って言ってたんですけどねえ、あはは……。

あのね、いちいち「社長秘書」って言い換えなくてもいいですから、ここでは。

で、1日の労働時間8時間。これは**労働基準法で定められている上限**ですね。労働基準法では、**労働時間は1週間で40時間、1日で8時間を超えてはいけない**ことになっていますから。

準平　はいはい、じゃあこれからはおツボネで……。あ、それはともかくとして、その1週間40時間、1日8時間というのは、休憩時間は含まれるんですか？

先生　いやいや、休憩時間は含まれません。休憩時間は労働時間ではないので、**休憩時間を除いた時間**で1週間40時間、1日8時間まで、ということです。ちなみに、この**労働基準法で決められた1週間40時間、1日8時間の労働時間**を「**法定労働時間**」といいます。

先生　もし仮に就業規則で1日7時間勤務などの労働時間を決めている場合、これは**会社ごとに決める「所定労働時間」**というんですがね。この「所定労働時間」は「法定労働時間」、つまり1週間40時間、1日8時間を超えて決めてはイケナイ、ということになりますね。

労働時間には上限がある

「法定労働時間」…労働基準法では、1週間40時間、1日8時間を超えて働かせてはならないとされている。この労働時間を「法定労働時間」という。

「所定労働時間」…会社が決めた労働時間のこと。所定労働時間は、法定労働時間の範囲内で決めなければならない。

★３６《さぶろく》協定があれば、法定労働時間を超えてもＯＫになる

でも、そうやって労働基準法で1日、1週間単位の労働時間が決められてるっていうけど、ウチの会社では従業員が毎日遅くまで仕事してますよ。だけどこれが労働基準法に違反しているなんて、誰も気にしてないみたいですけどね。

法定労働時間を超えて働いても、必ずしも労働基準法に違反しているとは限りません。会社と労働者の間で「３６協定」が結ばれていれば、１日８時間、１週間40時間を超える労働時間も、モンダイなし、となります。

準平　さぶろく……1日18時間までならＯＫとか？　まさか18時間なんて、いくらなんでも？

先生　……さぶろくの３６は、さぶろくじゅうはち、じゃなくて、**労働基準法第36条に定める協定**のこと。**３６協定**は、**時間外労働や休日労働に関する協定**のことで、**この協定を結ぶと、法定労働時間を超える勤務が認められるようになる**、ということです。

準平　はあ、その「キョウテイ」って時々聞きますけど、どんなものなんですかね？

先生　「**労使協定**」、これは、**会社と労働者代表が結ぶ労働条件についての約束**のことです。労働組合のある会社なら労働組合と結ぶことになるでしょうが、組合のない会社なら、管理職以外の従業員から選ばれた代表者ということになるでしょうね。

準平　なるほど――。でも会社と労働者代表が３６協定を結べば、法定労働時間を超えて勤務することが認められるとなると、会社は従業員を何時間働かせてもモンダイなしになってしまうワケ？

先生　――のように思われがちですが、会社が法定労働時間を超えて労働者を働かせることができる時間にも、これまた上限アリです。１ヵ月当たり45時間、１年では３６０時間が限度です。

準平　そうなんですかあ。……あれ、でも、１日については上限はないんですか？

先生　そうなんですねえ。１日についての上限はないんですねえ。

準平　ひやあ～、それだと１日18時間もアリかあ……。

先生　ここは「さぶろく」の算数で考えましょ。例えば、法定労働時間を超える勤務が１日５時間、これが１ヵ月に９日あると、ごっくしじゅうご、で、45時間。その時点で法定労働時間を超える勤務が、月あたりの上限に達してしまいますね。ゆえに１日の上限時間が決まってないからといって、そうそう会社は何日も長時間労働させることはできない、というワケです。

準平　はあ～、そうか、ひと安心だぞ……あれ、でもそういえば僕、去年の11月、12月は営業の「年末特別キャンペーン」で超忙しくて、なんか残業、休日出勤で50時間超えてたんですよね。これって、３６協定の上限超えてるから——ああっ、会社は違反してたってことかあ。

先生　それは多分、おタクの会社の３６協定は、「**特別条項付き協定**」なんでしょうね。

これは、上限を超えて労働時間を延長しなければならない「**特別な事情**」**が生じたときに限り、会社と労働者の間で、上限時間を超える一定の時間——これを特別延長時間といいますが——まで延長できる**、という条項を３６協定中に設けるものです。

準平　へえ～、すると、それこそエンドレス残業もＯＫ、ってことになっちゃいます？

先生　いや、そうはならないでしょう。まず、上限を超えて労働時間を延長しなければならない

「特別な事情」がどういう場合かを必ず協定に記載しなければなりませんが、ただ単に「業務上の必要のため」といったアイマイ表現ではなく、具体的に挙げなければなりません。

それも、先のアナタの例のような「年末商戦展開のため」とか、「納期が迫っているとき」、「トラブルやクレーム対処のため」など、**一時的または突発的なる場合に限られています。**

さらに、**上限を超えた時間外労働ができるのは、月数でいえば1年間に6ヵ月まで**ですからね。

36協定とは

会社は「労働者の過半数で組織する労働組合、その労働組合がない場合には労働者の過半数を代表する者」と36協定を結ぶことで、法定労働時間を超える勤務をさせることが認められるようになる。逆にいうと、**36協定がない場合には、法定労働時間を超える勤務をさせることは認められない。**

この36協定は、**労働基準監督署に届け出なければならない。**労働基準監督署に届け出ていない場合には、会社は労働者に法定労働時間を超える勤務をさせることは認められない。

36協定では、法定労働時間を超えてプラスできる労働時間の上限も定められているが、これをさらに超えることが想定される場合には、36協定中に「**特別条項**」を設けなければならない。

なお、労働基準監督署のほうで、有効期間を1年以内に設定することを指導しているため、最低でも1年に1回は更新が必要。更新しなければ以降、法定労働時間を超える勤務をさせることはできなくなる。

★「変形労働時間制」の「変形」の仕方

ところで先生、労働時間にカンケイする言葉で「変形労働時間制」って聞いたことがあるんですけど、この「ヘンケイ」というのは、どういう「ヘンケイ」なんでしょう？

業種や職種によっては、一時期超多忙でも、ある時期は逆に超ヒマになってしまう、ということがありますね。そのような**多忙とヒマな時期それぞれに合わせて勤務時間を設定**する制度なんです。

準平　そうすると、一定の期間で、**仕事が忙しい時期には勤務時間を長く設定して、仕事があまりなくて忙しくない時期には勤務時間を短く設定**する、みたいなことになります？

先生　ほう、今日はサエてますねえ。その通り。で、ここで「じゃあ忙しいときは1日当たりの法定労働時間超えてもいいのか」とギモンも出てくるでしょ？　そのギモンにお答えしましょう。

一定の期間を平均して、1週間で40時間を超えない限り、いくら1週間の労働時間が40時間を超えたとしても、法定労働時間を超えたことにはならないんですねえ。

準平　すみません、そんなことギモンにも思いませんでしたけど……、話、続けてください。

先生　ほめゾンってこういうこと言うんですかね。まあいいでしょう、続けましょう。

さて、一定の期間を1ヵ月として――労働時間が1週目は40時間、2週目は50時間、3週目は30時間、4週目は40時間とします。

先生　この場合この1ヵ月間の1週間当たりの平均労働時間は40時間になりますね。2週目の50時間は法定労働時間を10時間超えていますが、**1週間当たりの平均労働時間が40時間だから、この10時間は法定労働時間を超えていないことになる**んです。

準平　その、「一定の期間」っていうのは1ヵ月間が基本なんですか?

先生　変形労働時間制には2種類あってね、それぞれ基準になる期間が異なります。

一つは1ヵ月以内の期間、もう一つは1年以内の期間を基準にするもの。

1ヵ月以内の期間が基準になる変形労働時間制を「**1ヵ月単位の変形労働時間制**」、1年以内の期間が基準となるものを「**1年単位の変形労働時間制**」というのです。

準平　要は1ヵ月単位か1年単位かの違いで、あとは同じような考え方ってことですね？

先生　そうねえ、両方とも仕事の繁閑に合わせて勤務時間を設定することは同じなんですけどね、それぞれ採用するときの条件がちょっと違うんですよ。

1年単位の変形労働時間制の場合には、**労使協定**を結ぶことで採用できます。

一方、**1ヵ月単位の変形労働時間制の場合**には、**労使協定か、あるいは就業規則**に1ヵ月単位の変形労働時間制を採用することを定めることで、採用できます。

準平　その労使協定や就業規則で決めておかなければいけない事項なんかも、ありそうですね。

先生　おや、サエが戻ってきましたかね。もちろん、それぞれの制度を採用するのに必要な事項が労働基準法で定められています〈↓67頁〉。

変形労働時間制とは

変形労働時間制とは、**一定の期間を平均して、1週間の労働時間が40時間を超えない範囲で、法定労働時間を超えた勤務が認められる制度。**

変形労働時間制には2種類――1ヵ月以内の期間を一単位とする「1ヵ月単位の変形労働時間制」

と、1年以内の期間を一単位とする「1年単位の変形労働時間制」がある。
それぞれの制度を採用するためには、労働基準法で定められた条件を満たさなければならない。

★フレックスタイム制は、変形労働時間制とはまた別モノ

で、この「変形労働時間制」ですが、いわゆる横文字言葉でいえば「フレックスタイム制」ということなんですか？

それはＮＯです。**フレックスタイム制と変形労働時間制は全く別の制度**なんですね。一言でいえば、フレックスタイム制とは、**「労働者が自分で始業時刻と終業時刻を決められる制度」**ですからね。

準平　へえ、仕事を始める時間と終える時間を従業員が自由に決められる、ということは、出退勤は完全に自由なわけですか？

先生　基本的にはそういうことになるんですが、出退勤時間が完全に自由ではないこともありま

すし、そういう会社のほうが多いと思いますね。そう、「コアタイム」と「フレキシブルタイム」というのを設けていてね。

準平　「コア」に「フレキシブル」――フレックスはつまりフレキシブルからきている言葉ということは想像できますけど、「コア」というのは――。

先生　そうですね、「**フレキシブルタイム**」とは「**労働者が自由に出退勤できる時間帯**」のこと。一方「**コアタイム**」というのは、「**必ず出勤していなければいけない時間帯**」のことです。

こういった時間帯の範囲内で出退勤しなければいけないから、出退勤が完全に自由というわけではなくなるわけですね。

準平　なるほど。で、このフレックスタイム制を採用するにも、やっぱり何か手続が必要なんですかね？

先生　フレックスタイム制を採用するには、まず、**労使協定**を結ばなければなりません。

労働基準法では、この場合**労使協定に必ず決めておかなければならない事項**というのも挙げられています〈→68頁〉。フレックスタイム制の適用対象者などもそうですね――例えばどこどこの部署の勤務者、というふうに、全従業員ではなく、一部の職種等に限って適用するケースも結構ありますね。

さらに**就業規則**で、始業と終業の時刻を従業員に任せることを明記しておかなければなりません。

フレックスタイム制とは

フレックスタイム制とは、**始業と終業の時刻を労働者に任せる制度**。
なお、始業時刻と終業時刻のどちらかだけを労働者に任せるのはダメ。
フレックスタイム制を採用するためには、**労働基準法に定められた要件**を満たさなければならない。

★「裁量労働制」には2つの種類がある

さて、フレックスタイム制は、始業と終業の時刻を労働者に任せてしまう制度ですが、仕事の時間自体を労働者に任せてしまう制度もあるんですね。

「裁量労働制」といって、これにも「**専門業務型裁量労働制**」と「**企画業務型裁量労働制**」の2種類があります。

その、仕事の時間を任せるというのは、勤務時間そのものを従業員の自由に任せてしまうことなんですか？

先生　そうねえ、勤務時間を任せるというよりも、**仕事のやり方そのものを従業員に任せてしまう**ということですね。だから、仕事をやるときの**時間配分やペース、仕事の遂行方法のすべてを従業員におマカセ**、ということですね。

準平　すると、この裁量労働制で勤務する場合には、会社からいちいち仕事のやり方なんかについて指示されたり命令されたりすることはないってことになります？

先生　まあ、仕事のやり方そのものを従業員の自由にさせる制度なわけですから、**会社は、基本的には、従業員のやり方については注文をつけられなくなります**ね。

準平　う〜ん、でも「自由」には「責任」があるからなあ、これはこれでタイヘンかも。

先生　よくわかってるじゃないですか——。で、話を続けましょうね。そう、手続の話ね。

専門業務型裁量労働制は、**労使協定**で、その**対象業務やみなし時間などを定めると**、採用することができるんです。

準平　あの〜、「対象業務」「みなし時間」って何なんですか？

先生　「対象業務」はね、もとより**専門業務型裁量労働制を採用できる業務は、限定されているん**ですよ。例えば、システム開発やデザイナー、インテリアコーディネーターなどが専門業務型裁量労働制の対象業務になるので、その範囲での決めごとになりますね。

準平　そうですか、どんな業務でもＯＫというわけじゃないんですね。

先生　はい。現在は19種類の業務が専門業務型裁量労働制の対象業務になっています。

先生　で、もうひとつの質問ね、「みなし時間」。

　専門業務型裁量労働制での勤務労働時間は、実際の労働時間が何時間であるかにかかわらず、労使協定で決められた労働時間になります。

　例えば、労使協定で1日の労働時間が7時間と決められたら、みなし時間は7時間、実際の労働時間が何時間でも7時間働いたこととみなされるんですね。

準平　そうすると、実際には7時間より多く、例えば10時間働いたときでも7時間労働とみなされるんでしょ。なんだか割に合わないような気がするな。

先生　でも、逆に実際に働いた時間が6時間でも、もっと短く3時間でも、7時間労働とみなされるわけですからね。トントンというわけです。

専門業務型裁量労働制

専門業務型裁量労働制は、**システム開発やデザイナーの業務等**に採用することができる。**どんな業務でも採用できるわけではない。**

また、専門業務型裁量労働制では、**あらかじめ労使協定で決められた時間が労働時間になる（みなし労働時間）**。

準平　そうだ、先生、もうひとつの「企画業務型裁量労働制」というのは――？

先生　企画業務型裁量労働制も専門業務型裁量労働制と同じで、実際の労働時間にかかわらず、あらかじめ決めておいたみなし時間が労働時間になります。ただここで違うのは、企画業務型裁量労働制の場合は労使協定ではなく、「**労使委員会**」で決めることになるところですね。

準平　はあ、その「労使委員会」って、これも聞いたことないんですけど……。

先生　**労使委員会**というのは、**会社と労働者でつくる委員会**のこと。この委員会で企画業務型裁量労働制について決定をすることになるんですね。

例えば、対象業務や対象労働者、みなし時間などを、労使委員会で決めるんです。

準平　企画業務型裁量労働制の対象業務は、専門業務型とはまた違うんでしょうか？

先生　はい。企画業務型で対象になるのは、経営状態・経営環境等について調査や分析をしたり、経営に関する計画を策定したりする業務といったものですね。

準平　……なんだかイメージしづらいなぁ。

先生　例えば、会社の財務計画をつくったり、会社の営業方針や取扱商品について決定したりする業務、また、人事部門で、従業員教育や研修計画を立てたりする業務が該当しますね。

企画業務型裁量労働制

企画業務型裁量労働制は、**会社運営に関する企画や立案、調査、分析などの業務**が対象。例えば、財務計画や人事制度を策定したり、商品の生産計画を立てたりする業務など。

企画業務型裁量労働制では、あらかじめ**労使委員会で決められた時間が労働時間**となる（**みなし労働時間**）。

先生　裁量労働制採用のポイントはお話しした通りですが、専門業務型、企画業務型いずれにしても、労働基準法に定められた方法〈↓69〜70頁〉に従って制度を整えなければなりません。**法律で決められた条件を満たしていなければ、制度の効果は認められない**ということも重要です。

★事業場外のみなし労働時間制

ところで、なんですけど、営業マンは専門業務型にしろ企画業務型にしろ、裁量労働制の対象業務には入っていないんですね。けど、営業マンは外回りが多くて、これこそ本人が裁量で仕事をすることが多いと思うんですけど……。

確かに言う通りですが、しかし営業マンは裁量労働制の対象にはならないんですね。

先生　でも、会社の外で仕事をしていて、**「会社が勤務時間を把握できないようなとき」には、所定労働時間労働したとみなすことができる**んです。これを**「事業場外労働」**というんですが、そのような労働形態を「事業場外のみなし労働時間制」ともいいますね。

準平　「会社が勤務時間を把握できないとき」は、ということでいえば――じゃあ、例えば、携帯電話で上司の指示に従いながら仕事をするときは、これに該当しないことになる？

先生　そうですね。上司の指示に従うってことは、上司が勤務時間を把握することができるわけですからね。

　そのほかにも、例えば、会社の外で何人かのグループで仕事をするときに、そのグループの中に時間管理をする人がいる場合や、訪問先や帰社時刻について会社から指示がある場合には、会社が勤務時間管理できることになるから、事業場外労働にはあたらないのです。

事業場外労働

外回りの営業マンなどのように、会社の外（**事業場外**）で勤務する場合で、会社が勤務時間を把握することが困難なときには、所定労働時間勤務したこととみなされる（**事業場外のみなし労働時間制**）。

法定労働時間

法定労働時間 ⇒ 1週40時間、1日8時間

会社は、この時間を超えて働かせることができない

※従業員数が10人未満の商業・映画演劇業・保健衛生業・接客娯楽業は1週44時間

所定労働時間 ⇒ 会社が決めた労働時間

法定労働時間を超えてはいけない

36協定

36協定（時間外労働、休日労働に関する協定書） ⇒ **「会社」と「労働者の過半数で組織する労働組合がある場合はその労働組合、それがない場合は労働者の過半数を代表する者」と結ぶ**

※労働者の過半数を代表する者＝管理監督者ではダメ。挙手や投票によって選出しないとダメ。会社が代表者を勝手に決めたり、指名したりしてはいけない。このルールを守らずに結んだ36協定は無効!!

⇓

この36協定を労働基準監督署に届け出ていない限り、会社は法定労働時間を超えた勤務を労働者に命じることができない

●36協定で決められること●

◇時間外労働や休日労働が必要な具体的理由
◇業務の種類
◇労働者の人数
◇1日および1日を超える一定の期間について延長することができる時間または労働させることができる休日
◇協定の有効期間

○1日を超える一定の期間と、延長することができる時間の限度

1週間	15時間
2週間	27時間
4週間	43時間
1ヵ月	45時間
2ヵ月	81時間
3ヵ月	120時間
1年	360時間

●特別条項●

36協定における法定労働時間を超えてプラスできる労働時間の上限を、さらに超えるケースがあることが想定される場合に36協定中に設けるもの。上限を超えて労働時間を延長する（特別延長時間）ケースの「特別な事情」についても、具体的に挙げておかなければならない。

変形労働時間制の考え方

通常の働き方の場合

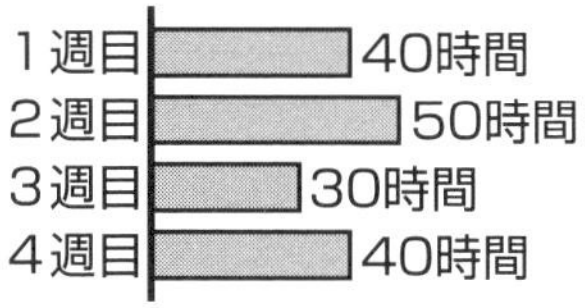

⇒法定労働時間を超えた勤務は10時間

変形労働時間制の場合

2週目は繁忙時期、3週目は閑散時期

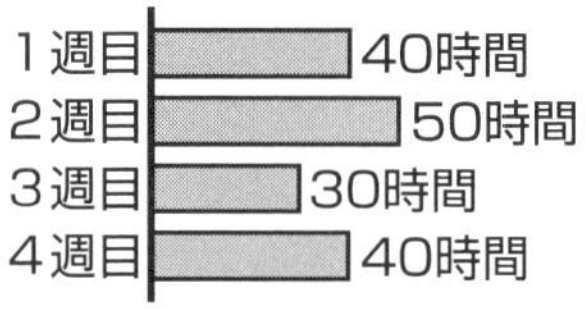

⇒40時間を超えた10時間は法定労働時間を超えた勤務にならない

…なぜなら、4週間を平均すると1週間当たりの労働時間が40時間だから

変形労働時間制を導入するための条件

●1ヵ月単位の変形労働時間制●

○労使協定または就業規則等に次の事項を定めること！

◇変形期間（1ヵ月以内の一定期間）

◇1ヵ月を平均して、1週間の労働時間が40時間を超えないこと

◇変形期間における各日、各週の労働時間（労働時間が40時間を超える週、労働時間が1日8時間を超える日を決めること）

◇変形対象期間の起算日

○労使協定の場合は有効期間を定めること。労働基準監督署に届け出ること！

●1年単位の変形労働時間制●

○労使協定で次の事項を定めて、労働基準監督署に届け出ること！

◇対象労働者の範囲

◇変形対象期間とその起算日

◇特に繁忙な期間がある時はその期間（特定期間）

◇対象期間における労働日および労働日ごとの労働時間

◇有効期間

フレックスタイム制

フレックスタイム制 ＝ 労働者が始業と終業の時刻を自由に決められる制度

コアタイムとフレキシブルタイムの設定がある場合

フレキシブルタイム	コアタイム	フレキシブルタイム
出勤の時間帯 ※この時間帯ならいつでも出勤してよい	必ず勤務していなければいけない時間帯	退勤の時間帯 ※この時間帯ならいつでも退勤してよい

フレックスタイム制を導入するための条件

○就業規則等で、始業と終業の時刻を労働者に委ねることを定めること！

○労使協定で次のことを定めること！

◇対象となる労働者の範囲

◇清算期間（労働時間の計算期間…最長１ヵ月）

◇清算期間中の総労働時間

◇標準となる１日の労働時間

◇コアタイムの開始・終了の時刻

◇フレキシブルタイムの開始・終了の時刻

（標準となる１日の労働時間／コアタイムの開始・終了の時刻／フレキシブルタイムの開始・終了の時刻 → コアタイムとフレキシブルタイムを設ける場合に必要）

裁量労働制

裁量労働制

→ 専門業務型裁量労働制　※労使協定で決められた時間が労働時間になる

→ 企画業務型裁量労働制　※労使委員会で決められた時間が労働時間になる

専門業務型裁量労働制

●対象になる業務（裁量労働ができる業務）●

◇新商品または新技術の研究開発等の業務
◇情報処理システムの分析または設計の業務
◇記事の取材または編集の業務
◇デザイナーの業務
◇プロデューサーまたはディレクターの業務
◇コピーライターの業務
◇公認会計士の業務
◇弁護士の業務
◇税理士の業務
◇建築士の業務
◇不動産鑑定士の業務
◇弁理士の業務
◇システムコンサルタントの業務
◇インテリアコーディネーターの業務
◇ゲーム用ソフトウェアの業務
◇証券アナリストの業務
◇金融工学等の知識を用いて行う金融商品の開発の業務
◇教授研究の業務
◇中小企業診断士の業務

専門業務型裁量労働制を導入するための条件

〇労使協定で次の事項を決めること！

◇裁量労働制で働く労働者の範囲（業務の種類）
◇業務遂行手段と時間配分の決定等に対し、会社が労働者に具体的な指示をしないこと
◇１日当たりのみなし労働時間
◇労働者の健康と福祉を確保するための措置
◇労働者からの苦情の処理に関する措置
◇健康、福祉を確保するための措置、苦情処理に関する措置について協定の有効期間中および期間満了後３年間保存すること
◇労使協定の有効期間

〇労使協定を労働基準監督署に届け出ること！

企画業務型裁量労働制

対象になる業務 ➡ 事業運営に関する企画・立案・調査・分析の業務

▼例えば…
◇経営企画の業務のうち、経営状態や経営環境等について調査、分析を行い経営計画を策定する業務
◇人事労務の業務のうち、人事制度の問題点やそのあり方等について調査、分析を行い新たな人事制度を策定する業務
◇財務経理の業務のうち、財務状態等について調査、分析を行い財務計画を策定する業務

企画業務型裁量労働制を導入するための条件

○労使委員会で次の事項を決議すること！

◇対象となる業務の具体的な範囲
◇対象労働者の範囲
◇１日当たりのみなし労働時間
◇労働者の健康と福祉を確保する措置
◇労働者からの苦情を処理するための措置
◇労働者の同意を得なければならない旨およびその手続、不同意労働者に不利益な取扱いをしてはならない旨
◇実施状況に係る記録を保存すること（決議の有効期間中と期間満了後３年間）
◇決議の有効期間

※労使委員会
会社を代表する者と労働者を代表する者で構成される。この労使委員会で企画業務型裁量労働制について決める

○企画業務型裁量労働制の適用について、労働者から個別に同意を得ること！

※就業規則による包括的な同意ではダメ

○労使委員会の決議を労働基準監督署に届け出ること！

事業場外労働のみなし労働時間制

会社が労働者の勤務時間を把握することが困難な場合 ➡ 所定労働時間労働したものとみなす

※勤務時間を把握することが困難とはいえない場合

◇何人かのグループで事業場外労働に従事する場合で、そのメンバーの中に労働時間を管理する者がいる場合
◇事業場外で業務に従事するが、無線やポケットベル等（携帯電話等も含む）によって会社の指示を受けながら働く場合
◇事業場外において、訪問先や帰社時刻等、当日の業務の具体的指示を受けた後、事業場外で指示通りに従事し、その後事業場に戻る場合

第3章　休まざる者、働くべからず!?

2 休憩時間　休憩時間はいつでもとれるワケではない!?

◆休憩時間にはルールがある。
休憩時間の長さや休憩時間のとり方、休憩時間の自由利用などが決められている。

★休憩時間「3つのルール」①～休み時間の長さは労働時間の長さにより決められている

ウチの会社はお昼休み45分しかないんですよね。だから外にごはん食べに行ってちょっと混んでたりすると、あわててかきこんで戻らなきゃなんなくて、消化不良になりそう……。

僕の友人の会社では昼休み1時間というところがほとんどだから、この15分のマイナスって、もしかしたらウチの会社が何かマチガッてるんじゃないかと――。

アナタの会社では法定労働時間の8時間労働でしょ。それなら45分休憩でもOKです。

そう、休憩時間には3つのルールがあってね。まず「**休憩時間の長さ**」、それに「**休憩時間の取り方**」、そして「**休憩時間の自由利用**」。

先生　で、まず、アナタの懸案の休憩時間の長さ。これは、労働基準法によって、労働時間の長さにより労働者に与えなければならない休憩時間が決められています。それでいうと――。

①労働時間が6時間を超え8時間以下の場合には最低でも45分

②労働時間が8時間を超える場合には最低でも1時間

準平　なるほど。するとウチの会社はとりあえずはこの最低ラインにはあるわけだ。でもこれでいくと、**労働時間が6時間ピッタリの場合には休憩時間がなくてもいい**ことになる？

先生　そうなりますね。逆に残業などをして労働時間が8時間を超えたら、休憩時間は1時間以上なければならないということです。

だからアナタの会社の場合、**昼休み45分なら、あと少なくとも15分**、終業時間後の残業前あるいは残業途中に**休み時間をもらえる**ことになります。

ただしその15分の休み時間は労働時間ではないので、その15分の分の残業代は出ないことになりますがね。

準平　へえ、そうかあ、そういうワケだったのか――。

ウチの会社では終業時間の18時以降に残業する場合、18時15分から残業時間をカウントするんですよ。だからこの15分、タダ働きはまっぴらと思って僕なりにブレイクタイムにしてたんだけど——。な〜んだ、モトモトこの時間は休憩しなさいってことだったんだあ。

先生　会社から説明されてなかったとしても、就業規則には書いてあるはずなんですがね。ま、でもなかなか自主的な性格なんですねえ、アナタも、こういうところでは。

休憩時間の長さ

会社は、**労働時間が6時間を超える場合には45分以上、8時間を超える場合には1時間以上**の休憩時間を与えなければならない。労働時間が8時間の場合には45分の休憩時間で足りるが、残業等をして労働時間が8時間を超えたら、さらに15分の休憩時間を与えなければならない。

★休憩時間「3つのルール」②〜休み時間は「労働の途中に」「一斉に」が原則

お次は休憩時間に入るタイミング。休憩時間は労働時間の途中になければならない決まりです。例えば始業時刻とともに休憩時間になるような設定は認められないということです。

確かに、そんなとり方じゃあ休憩にはならないかもしれないけど——。もっとも朝の通勤

電車で疲れ果てて、正直ちょっとひと息つきたいところでもあるんですよね。

先生　まあ、気持ちわかりますがねえ。ただ休憩時間は「仕事の疲れを回復させる」時間という意味もあるわけですね。そういうことでは始業時刻や終業時刻間近では、あまり意味がないということになりますかね。

準平　で、労働時間の途中であれば、休憩時間を分割してとることもできるんですか？

先生　**分割することもできますが**、ここは、**会社の休憩時間ルールがどのようになっているかによりますね**。会社には、労働者に休憩時間を与える義務はありますが、分割するのしないのといった、取り方に関するような部分は、会社ごとに決められます。

先生　で、もし会社の就業規則に休憩時間を分割して与えることが記載されているのであれば、それに則って休憩時間を取ることができます。

準平　じゃあもし、労働時間8時間で昼休み1時間という会社の場合で、就業規則に分割可能とあるなら、「今日は残業するから、お昼休みは30分返上して、かわりに残りの30分は夕方に休憩時間をもらおう」なんて、特別に「おひとり様休憩」とるというのもマルでしょうかね？

先生　そうできる場合もあるでしょうが、できない場合もあるでしょうね。

　労働基準法には、原則「会社は労働者に休憩時間を一斉に与えなければいけない」という「**一斉付与**」のルールがあります。だから従業員がバラバラに休憩時間をとることはできないというわけ。

準平　え〜、そんなルールがあるんですか。でも、ウチの会社だって、12時から45分と一応決められているけど、結構ばらんばらん、それに部署によっては電話番も必要だからって、あえて2グループに分けて、ずらして取るようにしているところもあるくらいなのに？

先生　そうね。従業員が同じタイミングで休憩時間を取るなど、ちょっと非現実的。実際にはあんまりないことでしょうねえ……ということで、実はここには例外アリなんですよ。

　まず、**一定の業種については、休憩時間を一斉に取らなくてもいい**ことになっています。例えば運送業や金融業、飲食店や理容業などですね。

準平　――でも、ウチの会社はそのどれでもないんですけど……。

先生　例外その2があります。**労使協定が結ばれている場合**。この労使協定では、休憩時間を一斉付与しない労働者の範囲と、休憩時間の与え方を決めて、**書面**にします。

多分アナタの会社でもそういう労使協定が結ばれているんでしょうね。そうであれば、それについても就業規則にのっているはずですから、確認しておくといいですよ。

休憩時間の取り方

①休憩時間は**労働時間の途中**に設定されなければならない。また、**就業規則等に「分割付与する」とある場合には、休憩時間を分割して取ることができる。**

②**一斉付与の原則**…原則会社は休憩時間を一斉に付与しなければならない（一斉付与）。労働者がバラバラに休憩時間を取ることはできない。

〇一斉付与の例外…**一定の業種の場合**や、また業種にかかわらず**労使協定を結んだ場合**には、**会社は休憩時間を一斉に付与する必要はない。**

★休憩時間「3つのルール」③～休憩時間は「自由時間」

さて、最後のルールは、「休憩時間の自由利用」。休憩時間は労働者が自由に使うことができる時間にしなければいけない、ということ。

休憩時間をどう使おうが誰にも文句を言われないって、当然だと思いますけど。

先生　基本的にはそうです。でも、いくら自由だからといっても、他の従業員に迷惑になることをしたり、職場の規律を乱すようなことはイケマセンね。これも当然ですが。

準平　シマセン、シマセン、そんなこと。メイワク行為ということでいうなら、昼休み直前になって、「この書類、午後イチの会議までに作成して、コピーも30部揃えておいて」なんて言う上司。昼休み使ってやるようにと暗に言っているようなものですからね、チョー迷惑ですよ。

先生　それもイケマセンね。**仕事から解放されている時間が休憩時間**なんですからね、仕事を頼むとその時間は休憩時間にはなりませんからね。

先生　そうそう、さっきアナタも、部署によっては電話番のために昼休みをずらして取るようにしていると言っていましたが、実際上から考えて、それはかえっていいコトでもありますね。

結構あるんですよ、昼休みの時間帯に電話をすると、従業員がのど詰まらせながら電話に出てくる会社。昼休みも電話番するよういわれて、席でお弁当食べながら電話とってるんでしょうね。

準平　でも電話番といっても、それは仕事ですよね。すると、電話番をしている時間は仕事をしている時間になるから、少なくともその時間は、休憩時間とはいえませんよね。

先生　そうです。**電話番をしている時間は休憩時間ではなく労働時間**になりますね。

それに電話やお客さんが来ればすぐに対応しなければならないのですから、そのために**待機している間も仕事中といえる**んです。

昼休みに仕事をしなければならない状況なのであれば、その分、別途休憩時間をもらうか、そうでなければその時間分は給与をもらえることになりますね。

先生　ただしこの「自由時間利用のルール」にも例外があってね。

例えば警察官や消防団員、それに保育所など子供を預かって育児する施設の職員などが、事件や火災が起こっても「あいにくお昼休み中なんで、もう少しお待ちを」とか、自由時間だから子供の世話もほったらかしにして出かける、な～んてことになったら――。

準平　それこそいいメーワクですよね。

先生　そう。こういう**一定の職種の場合**、また一定の職種で**労働基準監督署の許可がある場合**には、自由時間としての利用を制限することもできます。

休憩時間は自由に使える

休憩時間は労働者が自由に使うことができる。ただし、休憩時間を何に使おうと従業員の自由とはいっても、他の従業員の迷惑になることや、会社の秩序を乱すようなことはＮＧ。

また、**休憩時間は労働から解放されている時間**。したがって、昼休み等に電話番やその他の仕事を頼まれた場合は労働から解放されている時間とはいえないので、その時間は休憩時間ではなくなる。

⚠ここで、電話番や接客のために待機している時間も、いつでも仕事に対応できるように待っていなければならない時間なので、労働から解放されている時間とはいえない。したがって、このような時間も休憩時間とは認められないことになる（**手待時間は労働時間になる**）。

なお、職種によっては〈→80頁〉自由利用の例外もある。

休憩時間のルール

休憩時間 ➡ 休憩時間の長さが決まっている ／ 労働時間の途中に一斉に付与しなければならない ／ 自由に利用させなければならない

休憩時間の長さ

- ◆**労働時間が6時間を超える場合** ➡ 45分以上
- ◆**労働時間が8時間を超える場合** ➡ 1時間以上

一斉付与ルールの例外

◆**例外①** 運送事業、販売・理容の事業、金融・保険・広告の事業、映画・演劇・興業の事業、郵便・電信・電話の事業、保健衛生の事業、旅館・飲食店、娯楽場の事業、官公署

◆**例外②** 労使協定を結んだとき

自由利用ルールの例外

◆**例外** 坑内労働、警察官・消防吏員・常勤の消防団員・児童自立支援施設で児童と起居を共にする職員、乳児院・児童養護施設などの施設で児童と起居を共にする者であって労働基準監督署の許可を受けた者

手待時間は労働時間

休憩時間 ＝ 仕事から解放されている時間（労働から完全に解放されている時間）

手待時間 ＝ 電話番や接客対応のために待機している時間 ▶ 電話がかかってきたり、お客さんが来たりしたらすぐに対応しなければならない ▶ 仕事から解放されている時間とはいえない ▶ **手待時間は休憩時間ではない**

第3章　休まざる者、働くべからず!?

3 休日 週休○日。○の数や曜日にルールはある？

◆休日には法定休日と所定休日がある。法定休日は法律で必ず与えられることが決められた休日で、1週間に1日または4週間で4日。所定休日は法定休日以外の会社が定めた休日。

★法定休日は法律で決められた、必ず与えられなければならない休日

おやおや、またまたなんだか、ふてくされてますねえ。

……ふてくされもしますよ。来週の土曜日、サッカーの試合観にいく予定だったのに、「半年に1度の棚卸日で、出勤日」だったのを忘れてて……。

でもね、ウチの会社は土日が休みの週休2日。土曜出勤の代わりの休みがあるわけじゃなし、半年に1度とはいえ週休2日が原則なら、土曜日に働かせるなんて法律違反じゃないかって。

先生　別に土曜日に働かせたからといって、必ずしも法律違反になるわけじゃないですからね。

そもそも週休2日自体、労働基準法で義務付けられているわけではないんですから。

準平　あれ？　そうなの？　いまどき学校だって、公立は週休2日だっていうのに？

先生　現実週休2日の会社が増えたから、親御さんの休みに合わせてなのか、あるいは学校の先生にも週休2日をということなのか、はともかくとして、それはそれ、ということです。

労働基準法で義務付けられているのは、1週間で1日の休日を与えること。この休日を「**法定休日**」といいます。ちなみに、**法定休日以外の会社が決めた休日**を「**所定休日**」といいます。

準平　週にたった1日だけ？　じゃあ、日曜日が法定休日ってこと？　それに祝日は法律で決められた休みじゃないんですか？

先生　土日が休みの場合、**どちらが法定休日でどちらが所定休日かは特に決まりはありません**が、日曜を法定休日とする会社が多いでしょうね。こういうことも就業規則に書いてあるはずです。

先生　で、祝日。昔は旗日《はたび》といってそれこそルンルンお休みモード。今や「国民の休日」なんて名称もありますがね。実は、**祝日は働いちゃいけない、休まなければならないとは、法律にはひ**

とっことも書いてありません。

準平　へええ？　じゃ、祝日に出勤日があっても、モンク言えないわけ？

先生　そうです。それにデパートや商店などは土日、祝日がかき入れどき。こんなときに休むわけにもいかないでしょう。

だから別の曜日に休日を設定したり、それに年中無休というところでは、従業員ごとに別々に、最低週1日の法定休日をとるような制度になっているところもありますからね。

準平　あ、そういえば——。デパート勤務の友人が、休みは部署内でローテーションでとってるって言ってたなあ。

それに、12月はお歳暮と年末商戦で、12月10日以降は休みなし。そのかわり12月1日～10日までの間に4日休みをとるなんて言ってたことがあるんですけど——。そんなのアリなのかな。

先生　結論からいえば、アリです。さっき、法定休日は1週間に1日の休日と言いましたが、**法定休日は、4週間に4日の休日でもいい**んです。

要するに決められた4週間の中に4日の休日があればいいから、必ずしも1週間の中に休日がなくてもいいことになるんですね。

準平　じゃあ、１週目に４日の休日があったら、後の３週間は休日なしでもいいってことに？

先生　極端な話でいえば、そういうことになりますね。

準平　ふ～ん、世の中イロイロなんですね。週休２日なんて当たり前だとばっかり……。

先生　もっとも週休２日が一般的というのには、結構ちゃんとワケがあるんですね。１日の労働時間が８時間だと、５日働くと労働時間は１週間で40時間。これは週単位での労働時間の上限だったでしょ。だから残りの２日を休日にしないと法定労働時間を超えてしまいますね。

準平　なあんだ、そういうことか。別にたくさんお休みさせて従業員を楽にしてあげようってわけでもないってことですかね。あれ、そうすると１日の労働時間が５時間だとすると、６日働いても労働時間は30時間だから、この場合は、１週間に１日の休日でもいいということですよね。

先生　そうですね。逆に、かつて月～金は１日７時間、土曜日は半ドンだった会社が、週休２日制導入に伴い、1日8時間労働にしたという会社も結構ありますからね。

法定休日と所定休日

休日には次の2種類がある。

①法定休日…労働基準法では最低でも1週間に1日の休日を与えることが決められている。この法定休日を4週間で4日としてもよい（これを変形休日制という）。変形休日制を採用するためには、就業規則等に、4週間の起算日を定めなければならない。

②所定休日…法定休日以外の会社で定めた休日。例えば「土曜日や祝日を休みとする」と定めたり、年末年始休業、夏季一斉休業を定めたりする。

★休日振替と代休って違うの？

休日といえば――。休日出勤のかわりに取る休みは「代休」というんだとばっかり思っていたんですけど、ウチの会社の休日出勤の届け用紙には「休日振替の日」って書いてあるんです。「休日振替」と「代休」って、同じじゃないんですか？

ここのところはみなさんいっしょくたに「代休」って言っていることが多いんですが、実

は休日振替と代休では意味が違うのです。これらを区別しないで使っているケースが多いですね。

準平　その、休日振替と代休はどう違うんですか？　どっちにしても、休日に働いて、違う日に休みを取ることでしょ？　それなら同じような気がするけれど……。

先生　休日に働いて、別の日に休みを取る点では同じですが、休日振替と代休では、まず、休みを決めるタイミングに違いがあるのです。

　休日振替の場合は、**「勤務する休日」**と**「その代わりに休む日」を前もって決めておき、勤務日と休日を入れ替える**。一方、**代休**は、**休日に働いて、その後に休みにする日を決める**んですね。

先生　でね、休日出勤の場合に休日振替が取れるか、代休が取れるかは、会社ごと独自に決められるんです。ここのところは就業規則を確認しておくことですね。

準平　あの～、就業規則で確認、ということは、休日振替や代休が取れないこともあるってことですか？　でも、週に1日は必ず休みを、って、労働基準法で決められてるんでしたよね？

先生　このへんは後でゆっくりお話します〈→第5章168頁以下〉が、労働基準法では、**法定労働**

時間を超えて働いた場合と、週一日の法定休日に出勤した場合には、割増賃金を払わなければならない、という決まりなんです。ここで、休日出勤したら、週一日休みになるよう代わりの休みの日を与えなければならない、とは言っていないんですね。

先生　で、その週一日の法定休日は、特に曜日が決められているわけではないとお話ししましたね。ですから、仮に普段は休みの日曜日に出勤しても、そのかわりにその前の金曜日に休日振替をして1日休みをとっているのなら、週一日の休みを日曜から金曜にチェンジしただけ、ということ。つまり、**あらかじめ日曜日を出勤日、金曜日を休日にした**、ということですから、日曜日に働いても実質、「**出勤日にした日（＝出勤日）に出勤した**」というふうに見ることができるんです。

準平　――そうすると、休日出勤の割増賃金を払わなくてもいいというわけですか？

先生　そうしている会社も多いですね。就業規則で「休日出勤をした場合は休日出勤手当を支給する。ただし、休日振替を行った場合には、支給しない」としている会社もあります。

準平　あの、ここで「休日振替の場合には」というと、一方の代休の場合は、違うんですか？

先生　**代休の場合**は、「**あくまで休日に出勤（＝休日出勤）**」した、**その代わりに後日に休日**を取るという見方になりますから、「**休日出勤の割増**」は支払わねばなりません。
　ただし、通常の１３５％以上の割増賃金のうち、１００％部分は休みを取ったことで差し引きゼロにできますが、残りの**35％以上部分は、代休を取っていても支払わねばならない**、という理屈になります。

準平　へえ……、じゃあ、休日振替にするより、代休取るほうがトクってことになります？

先生　ソントクで見るなら、そうも言えますがねえ。ただ先にも言ったように、この休日振替や代休については会社独自に決められますから、そういう制度がない場合には、「休日出勤の場合は休日出勤手当を支給」としか就業規則には書かれていないでしょうね。

休日振替と代休

①休日振替…もともと休日と決められた日を勤務日とし、他の勤務日を休日にチェンジする。
②代休…休日に働いた後に、代わりにその日の後の勤務日を休日とする。
なお、休日振替や代休を取るには、それらが就業規則に定められていなければならない。

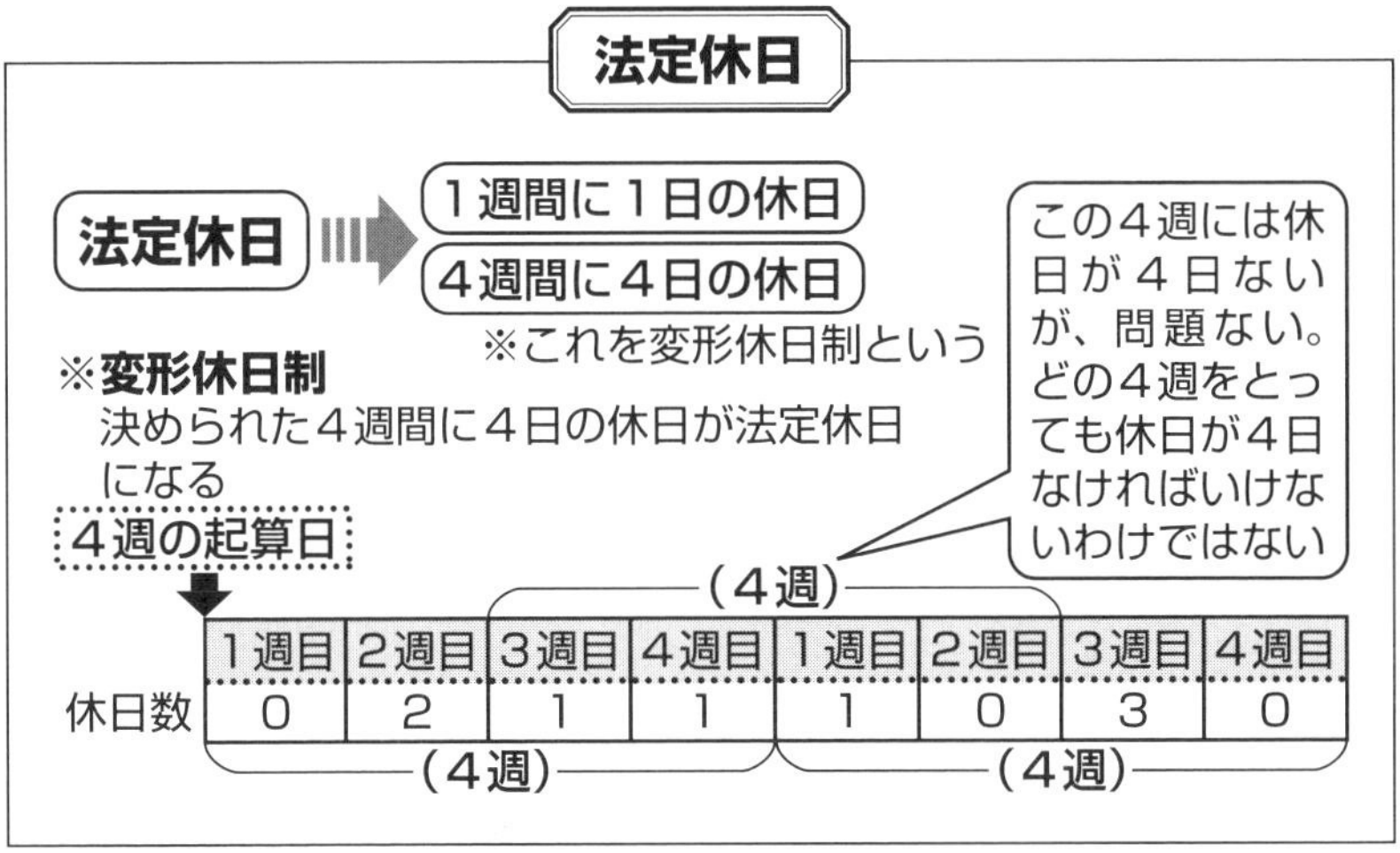
法定休日
法定休日
1週間に1日の休日
4週間に4日の休日
※これを変形休日制という
※変形休日制
決められた4週間に4日の休日が法定休日になる
4週の起算日
この4週には休日が4日ないが、問題ない。どの4週をとっても休日が4日なければいけないわけではない
（4週）
1週目 2週目 3週目 4週目 1週目 2週目 3週目 4週目
休日数 0 2 1 1 1 0 3 0
（4週）
（4週）

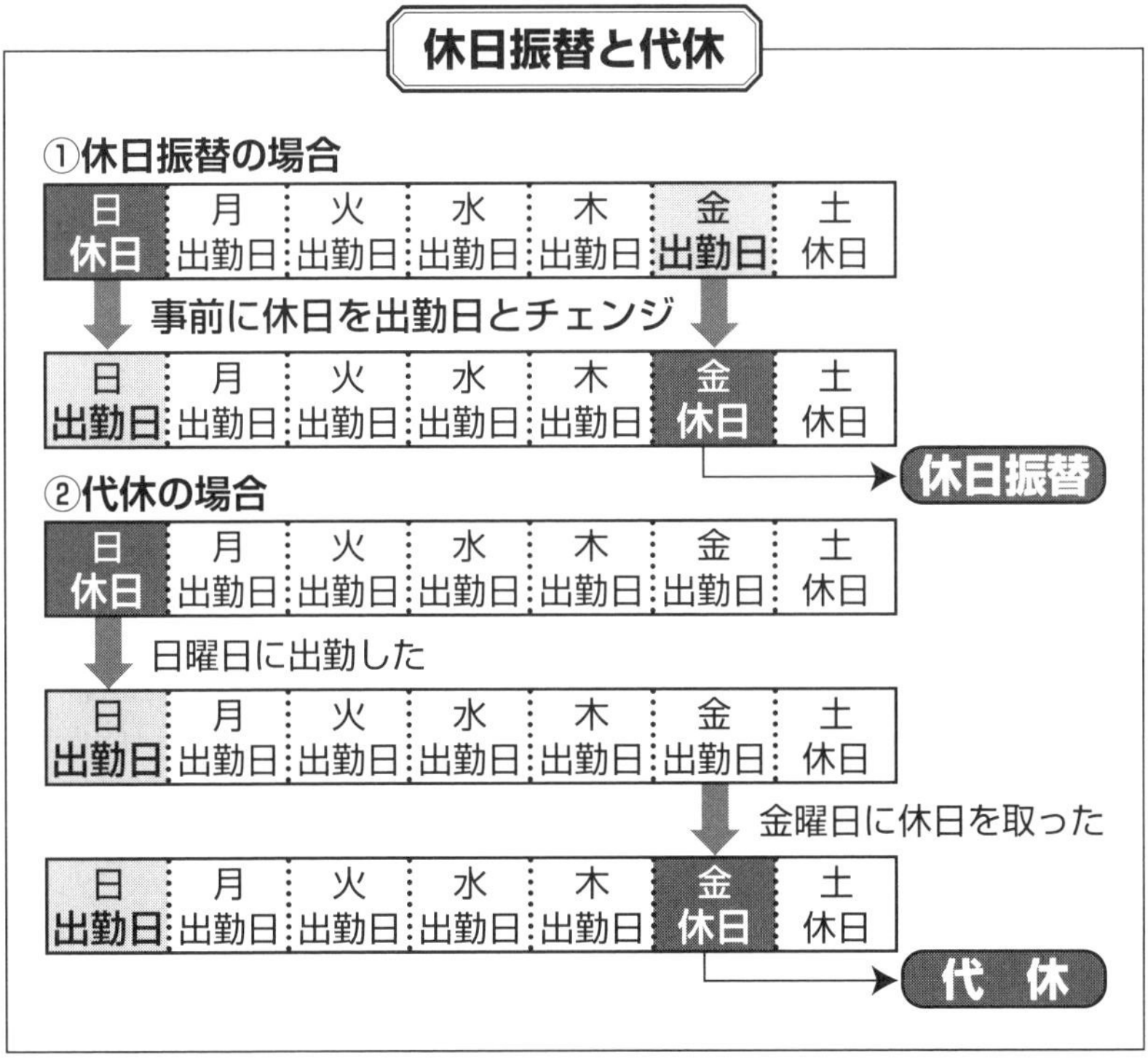
休日振替と代休
①休日振替の場合
日 休日　月 出勤日　火 出勤日　水 出勤日　木 出勤日　金 出勤日　土 休日
事前に休日を出勤日とチェンジ
日 出勤日　月 出勤日　火 出勤日　水 出勤日　木 出勤日　金 休日　土 休日
休日振替
②代休の場合
日 休日　月 出勤日　火 出勤日　水 出勤日　木 出勤日　金 出勤日　土 休日
日曜日に出勤した
日 出勤日　月 出勤日　火 出勤日　水 出勤日　木 出勤日　金 出勤日　土 休日
金曜日に休日を取った
日 出勤日　月 出勤日　火 出勤日　水 出勤日　木 出勤日　金 休日　土 休日
代　休

４ 年次有給休暇　有給休暇は必ずもらえる？　何日もらえる？

◆一定の要件を満たすと、勤続６ヵ月で最低でも10日の有給休暇がもらえる。
会社の事業に影響がない限り、有給休暇は取得したい時季に取ることができる。

★有給休暇の取得要件

先だって試用期間のお話うかがって思い出したんですけど、その試用期間の間って、有給休暇もらえなかったんですよね。試用期間だと有給休暇は与えなくてもいいんですかね？

特に試用期間だから与えなくてもいいといったことではないんですね。**有給休暇は６ヵ月勤務すると必ずもらえる**、というのが基本的な決まり。ですから、入社後６ヵ月間は有休なしという会社もあれば、３ヵ月の試用期間後や入社時点ですぐに与えるところもありますね。

準平　要は入社して６ヵ月後には必ずもらえる、ということですね。で、そのあとなんですけど、ウチの会社では1月に入って、何日か新しい有給休暇がもらえたように思ったな……。

先生　勤続6ヵ月で10日、その後は勤続1年6ヵ月で11日、といったように**1年刻みでランクアップした有給休暇日数が付与されていく**のです〈↓105頁〉が、ひとりひとり入社月も違うわけですからね。入社後6ヵ月で初めて与える場合でも、その後は**全従業員一斉に新年1月や新年度の4月、あるいはその他のある一定の時期に与えるようにしていることのほうが多い**でしょうね。

先生　だから4月入社なら10月に、アナタの会社の場合は試用期間終了後に10日もらった後、年明け1月にはさらに次のランクの11日をもらっているハズです。

準平　そうでした。で、これからも、毎年黙ってても自動的に有給休暇はもらえるんですね。

先生　黙っててもらうには、ヤルことやらなきゃね。**勤務しなければいけない日（所定労働日）に8割以上出勤したことがもらうための要件**。2割を超えた欠勤があると、バツです。

準平　8割以上の出勤が条件か――。あれ、するとせっかくもらった有給休暇をめいっぱい使って、そのうえに遅刻・早退なんか繰り返した日には、あっという間に8割未満になりそう……。

先生　ここでの「出勤」の考え方ですがね。有給休暇を取得した日は、いわば休んでも「お給料がもらえる日」＝「出勤日」として数えます。ほかにも、育児休業や介護休業をした日、業務上のけがや病気が理由で休んだ日、女性従業員が産休を取った日も「出勤」として扱います。
それに遅刻や早退をしても、出勤をしている以上は、出勤日となりますね。

準平　はは、そうか、よかったあ……。

先生　あのね、有休にはカンケイないから遅刻・早退していい、ってことにはなりませんからね。

有給休暇をもらえる要件ともらえる日数

①もらえる要件…**勤続6ヵ月以上**で、「**勤務しなければいけない日に8割以上出勤**」。
育児休業や介護休業を取得した日、産休を取った日などは出勤した日とみなされる。

②取得できる日数（**付与日数**）は、最低でも勤続6ヵ月で10日、1年6ヵ月で11日……と毎年もらえる日数が増えていくが、勤続6年6ヵ月で20日、以降は毎年20日。
なお、105頁の表の付与日数は、労働基準法で決められた最低ライン（法定付与日数）で、会社によってはこれよりも多い日数が付与される場合もある。このあたりは就業規則を確認すること。

★有給休暇は2年で「消費期限」切れに⁉

で、かくして有休は毎年新しくもらえて――そうだ、これを使わず大事にとっておけば、いずれど～んと2ヵ月連続有給休暇でバカンス、な～んてね。

大事にとっておくといってもね、**有給休暇は使わずにいると、2年で消費期限切れ。**これを使う権利がなくなるのです。いわゆる「**消滅時効**」というものでしてね。

先生　就業規則にも「有給休暇の繰越は次年度に限り可能」と書いている会社もありますが、ワザワザ書かなくても、どのみち翌々年には繰り越せない仕組みなんですね。

ですから、勤続6年6ヵ月以降は年に20日もらえても、繰り越せるのは翌年までだから、最大でも有給休暇は1年に40日どまりということになりますね。

準平　え～、そうすると夢の60日バカンスは……。

先生　残念ですが、ナシ、です。それは夢のまた夢ということで。

準平　そうかあ……。それならそうだ、学生時代の先輩の会社は、有給休暇を買い上げてくれるって言ってたけど――。僕も必要な分だけとっておいて、余りそうな分はそうしてもらおうかな。

先生　おっと、それはあいにくできない相談、の可能性もありますね。**決まりでは、会社が労働者の有給休暇を買い上げて、有休日数を法定付与日数より少なくすることは禁じられています。**

準平　あれれれ、じゃあ先輩の会社は違反してるってこと？

先生　いや、多分、例外的なほうにあてはまるんでしょうね。まず、105頁の表の、**法律で決められた付与日数はあくまで最低ライン**ですから、**これより多い日数を付与している会社**もあります。そういう会社であれば、**付与日数より多い日数分だけは買上げ可能**なんですね。あと、**退職する際に使わずに残っている有給休暇や、消費期限切れになってしまった有給休暇なら、買上げもＯＫ。**

準平　じゃあ、例えば去年の繰越し分で、来年には繰り越せない分ならいいわけだ。

先生　そういうことになりますがね。もっともこれは、会社が「買い上げてもいい」というだけのことで、「買い上げなければならない」ものではありません。**買い上げるも買い上げないも会**

社の自由。ま、「ウチの会社ではそういうことやってません」と言われればそれまでです。

★有給休暇の「お値段」は？

なんかそう言われそう……。でももし買上げＯＫなら、1日当たりの額ってどのくらいかな。

別に買上げに限らず、有休1日のお値段、つまり休んだ日にもらえるお給料の額、ということでいえば――。有給休暇を取得したときの賃金は、通常の賃金か平均賃金、あるいは労使協定での取り決めがある場合に限り、健康保険の標準報酬日額とすることも可能です。

準平　その通常賃金と平均賃金ってどう違うんです？　それに標準報酬日額って？

先生「通常賃金」とは、月給制の場合、1ヵ月のお給料で月々必ず定額支払われる部分の額を所定労働日数で割ったもの。だから残業代など月によって変わるものは含まれません。

「平均賃金」は、残業代等も込みで直近3ヵ月に支払われたお給料の総額を、3ヵ月の暦日数で割ったものです。

それから「標準報酬日額」というのはね、簡単にいえば社会保険料を決める給与の額で、一定の幅で段階的に等級分けされた健康保険の保険料額表の「標準報酬日額欄」で、あてはまる等級に相応する額のことです。

有給休暇の消滅時効／買上げ禁止の決まりと例外／有給休暇の値段

有給休暇には消費期限（時効）があり、取得から2年経つと使う権利がなくなる。

有給休暇を事前に買い上げることは禁止されているが、法定付与日数を超える日数分、時効や退職により消滅する部分については、残日数に応じた金銭的給付を行うこと（つまり買上げ）は禁止されていない。しかし、この買上げをするかどうかは、会社が自由に決めることができる。

有給休暇1日分の賃金は、通常賃金か平均賃金。労使協定の取り決めがあれば標準報酬日額でも。

★有給休暇はいつ、どんなふうに使おうが、コチラの勝手!?

で、やることちゃんとやってもらう以上は、有休をどう取ろうとこちらの自由ですよね。

ここも「基本的には」です。**労働者には、有給休暇を取りたいときに取る権利、「時季指定権」**なるものがあります。ですから会社は、従業員が有給休暇届を提出するなど、**労働者から有給休暇取得の申し出があったときに、それを「取るな」とは言えません。**

が、もしその有給休暇取得が会社の業務に影響してしまうようだったら、会社は、有給休暇を**「別の日に取るように」という指示はできる**、いわゆる「**時季変更権**」があるんですね。

準平　う～ん、別の日にしなさい、といわれても別の日に休んでもしょうがない場合もあるんですけどねえ……。まあここは仕方ないとして、その「業務に影響が出る」っていうと――？

先生　例えば、専門的な業務で、その業務に就く従業員が有給休暇を取ってしまうと、代わりになる従業員がいないため業務がストップしてしまうとき、などがこれにあたりますね。ただ単に忙しいからといった理由では、有給休暇取得を別の日にするように指示することはできません。**別の日にするだけのしっかりとした具体的な理由が必要**です。

準平　じゃ、その点気をつければ、あとはどう使おうと文句言われる筋合いはありませんよね。

先生　そうですね。「そんなことのために有休取っちゃいかん」なんて、会社は言えません。が、ここは社会人としてのルールがありますからね。忙しいけどピンチヒッターがいるからいいやとか、有休取って遊び疲れて、翌日急きょまた休みを取って、なんてのはイタダケマセンね。

時季指定権と時季変更権

労働者には、**有給休暇の取得日を指定する権利＝「時季指定権」**がある。これにより労働者は有給休暇の取得日を指定することで、会社の許可なしに有給休暇を取得することができる。

一方、会社には、**「時季変更権」**がある。労働者が有給休暇を取得すると業務に影響が出てしまうとき（会社の業務の正常な運営を妨げるとき）には、会社は別の日に有給休暇を取得することを指示できる。ただし有給休暇の取得そのものを拒否することはできない。

また、有給休暇の取得理由によって、取得日変更の指示や取得拒否をすることはできない。

★パートの有給休暇

あら先生、コンニチワ。はじめまして、尾畑紅子《べにこ》と申します。いえね、お隣の基山さんの息子さんに先生のお話を聞きましてね、それでおうかがいしたんですの……。

あら、なかなかいい事務所のお部屋。陽当たりもいいし、駅からも近いですしねえ、うらやましいですわ。それにひきかえ、ウチのマンションなんて……。

……あの～、、それで、ご用件は……。

紅子　あらら、失礼いたしました、ついついおしゃべりを……。その、実はですね、パートでは有給休暇なんてもらえないと思っていたんですけど、聞くところによるとパートでも有給休暇をもらえることがあるんですってね。ここのところ主人もボーナスカットとかで家計が苦しくて、パートを始めようと思っているものですから、いろいろうかがっておきたいと思いましてね。

　でもまったくこのご時世ひどいものでしてねえ、パート先もなかなか見つからなくて……。

先生　お話はわかりました。おっしゃる通り**パートでも有給休暇はもらえます**。ただし正社員の場合もそうであるように、**勤めて６ヵ月以上、働く日と決められた日――いわゆる所定労働日といいますが、その出勤率が８割以上なければもらえません**がね。

紅子　８割……それはまず大丈夫ですわね。私、学生時代も結婚前のお勤め時代も無遅刻無欠席・無欠勤の優等生でしたのよ、おほほ……。あら失礼、それで、いかほどいただけるんですの、その有給休暇。

先生　もらえる有給休暇日数は労働日数や労働時間によって変わってきます。

①**週の所定労働日数が４日を超える**か、②**週以外の期間によって所定労働日数が定められている場合には、年間の所定労働日数が２１６日を超える**場合、あるいは、③**週の所定労働時間が30時間以上**の場合。これらのいずれかに該当すれば、**正社員並みの有給休暇日数**がもらえます。

このあたり準平君にも以前にお話ししてますから、聞いてみてください〈↓105頁〉。

紅子　あら、そうですの。でもそんなに働いちゃあ、場合によっては主人の扶養家族になれなくなるってこともありますでしょ？　それじゃあかえってねえ、家計の足しに……。

先生　ハイハイわかりました。そういうことでしたらそうですねえ、週当たり4日以下、労働時間では30時間未満というところでも、日数は減りますがね、有休はもらえることはもらえます。

紅子　あら、そのほうがよろしいですわね。で、そうしますと、有給休暇の日数は――。

先生　この場合には、**働くことになっている所定労働日数に比例して、有給休暇の日数が決められます。**「**比例付与**」というのですが、これには計算式がありましてね。

紅子　計算式、ですか。あらやだわ、私、数学はあまり得意じゃぁありませんでしたのよ。

先生　数学というほどのものじゃぁありません。算数程度のものですから、御心配なく。

先生　ここでは、正社員のとれる有給休暇日数〈↓105頁〉をX、比例付与で計算される有給休暇日数をYとしますと、Y＝X×（パートの所定労働日数÷5・2）で算出されます。

先生　例えば、パートの所定労働日数が週当たり3日だとします。ここで勤め始めて6ヵ月目に何日もらえるか。通常社員だと勤続6ヵ月で10日の有給休暇がもらえますから、10×3÷5・2＝5・769……。端数は切り捨てで、5日ということになりますね。

紅子　あらま、端数は切り捨て？　あと0・3のところで6日頂けるんですのにねえ、まあなんだかもったいないですわ……。その、端数が出ないところでとなると、何日働けばいいんでしょ？

先生　そこのところは、お宅でじ～っくり計算なさってみてくださいましな……。

パートも有給休暇をもらえる

有給休暇取得の要件〈↓105頁〉を満たせば、パートでも有給休暇がもらえる。
所定労働日数が少ないパートには、所定労働日数に応じた（比例した）有給休暇が付与される。

★有給休暇は半日単位でも取れる？

あっちゃあ、隣のオバサン、来ちゃったんですかあ。なんかメンドーなヒトだったでしょ。あ、それはそうと、僕の友人の会社じゃ、半日単位で有休取れるみたいなんですけど、ウチの会社はあくまで１日単位。午前中だけ休んで午後からという場合は、遅刻扱いなんですよね……。

ええまあ、確かにメンドーな……と、それはいいです。本題に入りましょう。

有給休暇は基本的には1日単位で取得せねばなりませんが、会社によっては半日単位でも――会社の就業規則で半日単位で取得できるというふうに決められていれば、認められるんです。

準平　そうかあ、これも会社によりけりってことですね。あ、すると、半日よりも細かく有給休暇を取ることもできるんですか？　例えば、２時間とか3時間単位とか……。

先生　**平成22年4月1日から、労使協定を結べば、有給休暇を時間単位で取得することができるようになっています。**ただし、**5日分の有給休暇に限って**、ですけどね。で、残りの日数分については、通常通り１日単位か、または半日単位で取得しなければならないということになります。

準平　じゃあ、2時間単位でチマチマ取るとすれば——1日の所定労働時間が8時間の場合なら、1日の有給休暇は8時間分と考えて、8×5÷2＝20回分割までできるということに？

先生　そういうことも労使協定で決めます。**時間単位の付与ができる対象労働者やその日数**、また**1日分の有給休暇が何時間分の有給休暇になるのか**、などを決めておかなければなりません。

準平　なるほど……。で、有給休暇を時間単位で取ろうとしたときにも、前にもうかがった会社の時季変更権でもって、別の時間に有給休暇を取得するようにと従業員に指示することも？

先生　そうですね。業務に支障が出るようなら、別の時間帯や別の日——例えばその日でも午前中は避けて、とか、明日以降なら、というような指示もできますね。

つまり時季変更権はあるということですが、時間単位で取ろうとしているときに、別の取り方——1日単位とか半日単位で取るように、という指示はできません。

★有給休暇の計画付与とは？

労使協定を結べば——ということでは、そうそう、「**有給休暇の計画付与**」というものがありますね。**労使協定を結べば、有給休暇の取得日を、事前に会社が自由に決められる制度**です。

へえ、そんな制度が――。すると有給休暇を自由に使えなくなるってことですか？

先生　全く自由に使えないわけではありません。**有給休暇のうち5日を超える分については、会社が取得日を決められる**ということですから、最低でも5日分は自由に使えます。有給休暇が11日なら、そのうちの6日は会社が取得日を決めて、残りの5日は自分で自由に取れますね。

先生　こういう計画付与は例えば、仕事の閑散期に有給休暇をとらせたいときや、休日が飛び石になっているときに連休にしてしまいたいときなんかに使われることが多いですね。

有給休暇を時間単位で取得も可能／有給休暇の計画付与

有給休暇は**1日単位または半日単位（就業規則に定められている場合）**で取得できる。労使協定を結べば、有給休暇のうち5日以内であれば、時間単位で取ることも可能（平成22年4月から）。

有給休暇日数のうち5日を超える日数については、会社が事前に取得日を決めることができる（**有給休暇の計画付与**）。有給休暇の計画付与を採用するには労使協定が必要。

有給休暇取得の要件

出勤すべき日のうち８割以上出勤すればOK

出勤した日になる期間

- ○業務上の負傷や疾病にかかって療養した期間
- ○育児休業、介護休業の期間
- ○産前産後の休業期間
- ○遅刻や早退をした日、有給休暇をとった日

$$\frac{\text{出勤した日}}{\text{出勤すべき日（全労働日）}} \geqq 8\text{割}$$

出勤すべき日にならない期間

- ○使用者の責めに帰すべき事由により休業した期間
- ○ストライキやロックアウトによる休業期間

有給休暇の法定付与日数

（正社員の場合）

勤続年数	６ヵ月	１年６ヵ月	２年６ヵ月	３年６ヵ月	４年６ヵ月	５年６ヵ月	６年６ヵ月以降
有休付与日数	10日	11日	12日	14日	16日	18日	20日

パートの有給休暇

出勤すべき日の８割以上出勤

↓

有給休暇を与える

↓

◇週の所定労働日数が４日を超える（または年間所定労働日数が216日を超える）
◇週の所定労働時間が30時間以上
のいずれかに該当

↓ No　　↓ Yes

比例付与日数の算出式で算出

正社員の有給休暇日数×（1週間の所定労働日数÷5.2）

正社員並みの日数を付与

有給休暇の比例付与

所定労働日数		4日	3日	2日	1日
所定労働時間		1週間30時間未満			
1年間の所定労働日数		169～216日	121～168日	73～120日	48～72日
勤続年数	6ヵ月	7日	5日	3日	1日
	1年6ヵ月	8日	6日	4日	2日
	2年6ヵ月	9日	6日	4日	2日
	3年6ヵ月	10日	8日	5日	2日
	4年6ヵ月	12日	9日	6日	3日
	5年6ヵ月	13日	10日	6日	3日
	6年6ヵ月	15日	11日	7日	3日

有給休暇の取り方

1日単位／半日単位 → 就業規則に記載

時間単位 → 労使協定を結んで就業規則に記載

●時間単位の取得について労使協定で定める事項●

対象労働者の範囲	時間単位で有給休暇を取ることができる労働者の範囲を定める
時間単位で付与する日数	5日以内の日数を定める
1日の時間数	1日分の有給休暇が何時間分になるのかを定める
1時間以外の時間を単位とする場合の時間数	1時間以外の時間数（例えば、2時間や3時間）を単位とする場合には、その時間数）を定める

有給休暇の計画付与

＊有給休暇付与日数が11日の場合

自由に使える日数	計画付与の対象日数
5日	6日

※5日を超える日数については計画付与の対象になる

5 管理監督者　管理監督者には労働時間の上限がない？

◆通常の労働者は労働基準法の労働時間や休憩、休日のルールにより守られているが、管理監督者にはこれらが適用されない。なお、管理職＝管理監督者ではない点に要注意。

★管理職＝管理監督者ではない！

僕が入社した当時からいろいろ世話になった先輩が、別の部署の新任課長になってお祝い兼送別会が開かれたんですけど、その先輩がぼやいてたんですよね――。
「ウチの妻がさあ、『課長昇進しても、管理職は残業代つかなくなるから、かえって家計が厳しくなっちゃうワ。困ったわね』なんて、ちっとも嬉しそうじゃあないんだよ……」って。

残業の多い会社だと、そういう話はよく聞くことですが、ここはひとつ、注意を。
「管理職には残業代がつかない」の「管理職」というのは正確ではないんですね。会社が残業代を支払わなくてもいいのは、労働基準法でいう「**管理監督者**」という立場の従業員だけなんです。

準平　へえ、「管理職」＝「管理監督者」じゃないんですね。じゃあ、どう違うんです？

先生　管理職というのはね、一般的には例えば、係長や課長、部長とか、会社で肩書の付いた従業員のことをいっているでしょ？　でも、管理監督者は違うんです。会社でこういう肩書の付いた従業員でも、管理監督者にはあたらない人もいるんですね。

準平　う～ん、その「管理監督者」っていうのが、どんな人をいうのかがいまひとつ――。

先生　簡単にいえば、**管理監督者は「経営幹部」**のことをいうんです。**経営者とともに経営に携わっているような人**ですね。だから、課長や部長、支店長といった立派な肩書があっても、**経営に関することにタッチしないような管理職であれば、管理監督者にはならない**んです。

準平　「経営に携わっている」ですか。まあトップの社長なんかは間違いなくこれにあたるんでしょうけど、具体的にはどんなことをしていれば、そういえるんでしょう？

先生　そうですね、例えば会社の経営方針を決めることができたり、従業員の採用や労働条件を決めることができたりする立場にあるかどうか、が判断のポイントになりますね。

管理監督者

管理監督者とは**経営方針の決定、従業員採用や労働条件の決定など、経営について権限と責任がある従業員**のことで、**肩書で決まるものではない**。したがって、いくら部長や支店長といっても、**経営について権限と責任がない場合には、管理監督者とはいえない**ことになる。

★管理監督者には残業代NOペイでもよいコンキョは？

その管理監督者には残業代を支払わなくてもいいっていうことですけど、それにもちゃんとした決まりなり根拠なりがあるんですか？

そうね。労働基準法には、労働時間や休憩、休日のルールがありましたね。管理監督者にはこれらのルールが適用されない、ということになっているんです。

先生　労働者が法定労働時間を超えて働いたり、休日に働いたりすると会社は残業代を支払わなければなりませんが、管理監督者には法定労働時間や休日のルールが適用されない以上、会社は管理監督者に残業代を支払わなくてもいい、ということになります。

準平　なるほどね。残業代ＮＯペイか——。あ、すると会社は、管理監督者の人数を増やせば残業代の支払いが減るってことですよね？

先生　そうなんですねえ。だから会社は、勝手に「管理職」＝「管理監督者」と扱って、残業代の支払いをしないようにすることがあるんですねえ……。

準平　ああ、そういえば「ファーストフードの店長は名ばかり管理職か」って、裁判になったことが、ひと頃話題になりましたよね。

先生　そうね。よく、「**名ばかり管理職**」とか「**偽装管理職**」なんていい方をしますね。

　これこそ、実際には経営について権限や責任がないにもかかわらず、労働基準法上の管理監督者として扱って残業代を支払わないケース。もちろんこんなのは違法になりますからね。

先生　それともうひとつ注意点。経営について権限・責任のある**管理監督者であっても、労働基準法上の有給休暇や深夜残業に関するルールは適用されます**からね。

　有給休暇の付与はもちろん、**残業が深夜に及んだとき**は、残業の割増はＮＯペイでもいいのですが、**深夜割増だけは支払わなければならない**ということになります。

ここのところカン違いしている会社も多いので、管理監督者のみなさん、要チェックです。

名ばかり管理職、偽装管理職

管理監督者には**労働時間や休憩、休日のルールは適用されない**。したがって、会社は管理監督者には残業代を支払う必要がない（⚠**有給休暇や深夜労働などのルールは適用される**）。

会社が、実際には経営についての権限や責任がない労働者を、肩書だけで「管理監督者」として扱い、残業代の支払いをしないことがあるが、本来であれば残業代を支払わなければならない労働者に残業代を支払っていないことになるので、これは違法！

★「機密の事務を取り扱う者」など、労働時間等のルールが適用されないヒトがいる

あとね、管理監督者以外にも、労働時間や休憩、休日のルールが適用されない従業員がいるんですよ。例えば、機密の事務を取り扱う者、とか、その他一定の業務に就く人たちですね。

機密の事務――？　なんかアヤシゲ……。どんなヒトたちなんです？　シークレット部隊とか？

先生「**機密の事務を取り扱う者**」とは、例えば**秘書**なんかのことですね。**経営者と一緒になって働くことが多い**から、**労働時間や休憩時間、休日のルールに縛られて仕事をするのは実際上難しいし、馴染まない**でしょ？　だから、それらのルールの適用除外になっているというワケ。

準平　秘書っていうと……へええ、ウチのおツボネが「機密の事務を取り扱う者」なんですか。――でも、あのおツボネなら、そもそもそういう仕事自体に馴染まないんじゃないかなあ。結構おシャベリなんですよねえ。社長が先週末取引先とのゴルフで大たたきしたこと、社内じゅうふれまわってましたからね……。

労働時間や休憩時間、休日のルールの適用除外

管理監督者以外にも、機密の事務を取り扱う者、農水産業に従事する者、監視断続的労働に従事する者（※）（労働基準監督署の許可が必要）が、労働時間や休憩時間、休日のルールの適用除外となる。

※例：寮母、マンション・ビルの警備員等で、拘束時間は長いが労働時間が短い者

老人ホーム等の施設で、施設の開門時間以外の時間に電話番や面会人の対応をする者など

管理監督者とはどんな人？

◇労働条件の決定、労務管理について経営者と一体的な立場にある（経営について責任と権限がある）

◇労働時間、休憩、休日の規制に馴染まないような重要な業務に就いている

◇地位にふさわしい賃金が支払われている

◇就業時間に拘束されることがなく、出退勤を厳格に管理されていない

⇒ **管理監督者**

⚠ 管理職イコール管理監督者ではない

労働時間、休憩、休日のルールの適用除外

◇管理監督者

◇機密の事務を取り扱う者（秘書など）

◇監視または断続的労働に従事する者（労働基準監督署の許可が必要）

◇農水産業に従事する者

⇒ **労働時間、休憩、休日のルールの適用除外**

第4章

ワケありで長期の休みが取れる場合

～労働条件② 産前産後休業等／育児・介護休業等／休職

第4章　ワケありで長期の休みが取れる場合

1 産前産後休業等　産前産後休業・育児時間は必ず取らせてもらえる？

◆労働基準法では、産前産後休業と育児時間のほか、妊産婦保護のための様々な規定が設けられている。

★産前産後休業はいつからいつまで取れる？

……、今日はまたその……、アナタの新妻さん？

まさか。彼女は――そう、苗字はタシカに新妻（にいづま）だけど――新妻知恵さん、職場の同僚ですよ。今日は先生に、この際ぜひうかがいたいことがあるからって。

先生　うかがいたいことって？

えぇ～やだぁ、このお腹ぁ、見ればわかるでしょぉ？　うふふ、もうすぐね、ベビーちゃ

ん生まれるのぉ。ママになるのよぉ、ワタシ。

先生　はあ、それはそれはおめでとう。……すると、産休とか育休とかの話ですね。

知恵　そぉで～す。でぇ、さっそくですけどぉ、産休ってどれくらいの期間取れるんですかぁ？

先生　産休は、**産前6週間と産後8週間で合わせて14週間**取ることができます。双子ちゃんや三つ子ちゃんなど多胎妊娠だと、産前休業だけで14週間取れますから、計22週間取れますがね。なおこの**産前の6週間は、出産予定日から遡って6週間**です。ですから出産予定日は産前に含まれますね。ちなみに**産後は出産日の翌日から8週間**ですね。

知恵　そうするとぉ、出産予定日がずれて出産日が遅れた場合、出産予定日から出産日までの期間はどうなっちゃうのぉ？　逆に赤ちゃんが予定より早めに生まれてきちゃったらぁ？

先生　まず**出産予定日が遅れた場合**。**出産予定日から出産日までの期間は産前休業**、つまり、出産が遅れた期間だけ産前休業が長くなります。逆にせっかちな赤ちゃんが出産予定日よりも早く「こんにちは」とやってきた場合。**出産が早まった場合はその分、産前休業が短くなりますね**。

知恵　？？？、あのぉ、なんだかよくわかんないとこもあるんですけどぉ……。
でも出産前後に必ず休ませてもらえるんだったらぁ、細かいことはそのときでいいかもぉ。

先生　ややこしいトコロは125頁の図で見るとわかりやすいかな。
で、そうね。産前休業は会社に請求すれば取れますよ。
それに産後休業は、本人が請求する以前に、**会社は出産後8週間経たない女性労働者を働かせてはいけない**決まりになっていますからね。むしろ休まなければならないということになりますね。

準平　へぇえ、でももし、本人が出産後も元気バリバリ、すぐに働きたいって言った場合は？

先生　本人が働きたいと言ってもダメです。ただし、**産後6週間を経過した後なら、医師が「この業務なら問題ない」と認めた場合であれば仕事を再開できます**がね。そうでもない限り必ず休まなければいけませんからね。

知恵　あらぁそんなぁ、御心配なく。うふ、私はちゃあんと休みますからぁ。

先生　……、ま、アナタなら間違いなくちゃんと休みそうですけどねぇ。

産前産後休業

産前休業は出産予定日以前6週間、産後休業は出産後8週間。

産前休業は女性労働者が会社に請求することで取ることができる。一方、産後休業は必ず取らなければならない（会社は産後8週間を経過しない女性労働者を働かせてはいけない）。ただし、産後6週間を経過したときには、医師が問題ないと認めた仕事に限り就くことが可能。

★プレママと新米ママさんには時間外労働や休日労働、深夜労働の免除が！

そうそう、アナタ、今、そのお腹で、残業とか休日出勤や深夜労働、なんて、してませんかね。もしキツイようだったら——**労働基準法では、妊産婦が時間外労働や深夜労働、休日労働の免除を請求できることになっています**からね。

あれ、そうなの？「妊産婦」っていうと、産前だけ？

先生「**妊産婦**」というのは、ここでは**妊娠中と出産してから1年を経過していない女性**のことです。だから仮に8週間の産後休業終えて仕事を再開しても、子供が1歳のお誕生日を迎えるまでは、本人の請求があれば残業・休日出勤・深夜労働は免除されます。

あら、ワザワザ請求しなければなんないのねぇ。会社が気ぃ利かせてはじめっからそんなことさせないって言ってくれればいいのにぃ。

先生　まあここのところは個人差がありますからね。ワタシの知り合いで、産前休業取る前日まで残業やっていたら、突然産気づいちゃって職場が大騒動になったって豪快ママもいますからね。たださすがに彼女の場合も、深夜労働だけは免除を請求していたようですがね。こういうふうに、**時間外労働だけ免除とか深夜労働だけ免除といったこともできます**。

知恵　すっごいパワフルなプレママ……、ワタシぃ、そんなのできな〜い。今だって普通に仕事してるだけでキツイんですものぉ〜。

先生　それでしたらね、出産前、つまり妊娠中には、きつくない仕事に代えてもらうよう請求することもできますよ。そういう請求があったら、会社は「他の軽易な業務」、つまり負担の少ない業務に配置替えしなければならないことになっていますから。

準平　そうはいっても、職場によっては負担の少ない業務なんてない場合もありますよね。それでも会社はワザワザそういう仕事をつくらなきゃならないんですかね？

先生　そこまでは——負担の少ない業務がない場合に、新しい仕事つくってまで配置替えをしなければいけないわけではないですがね。ところでそんな重労働してるの、アナタ？

知恵　営業事務なんでぇ、売上伝票の整理・集計とかぁ、お客さんからの電話とったりぃ。ヘンなお客さんのクレームもあったりしてぇ、ムカつくこともあるしぃ、キツイのよねぇ、これがぁ。

準平　……まあそりゃタイヘンなのはワカルけどさあ、ウチの会社で今より「軽易な仕事」っていっても、やっぱムリだと思うなあ……。

妊産婦の保護

妊産婦は時間外労働や休日労働、深夜労働の免除を請求することができる。
時間外労働だけ免除、深夜労働だけ免除といった請求の仕方も可能。
また、妊娠中の女性は軽易な業務に配置替えすることを請求できる。

★子育てママのための「育児時間」

まあ何はともあれ、ベビー誕生、楽しみですね。で、その後、産後休業が明けて、仕事を再開したら、**勤務時間中に子供のための育児時間**も取れますからね。

あ、それってぇ、よくいう「育休」のことぉ？

先生　育児休業、略して育休は、また別モノ。後でお話ししますが〈↓126頁以下〉、育休は原則子供が満1歳になるまで育児のために休めるという制度です。

でも人によっては育休とらずに、産後休業の後にすぐに仕事再開ということもありますね。

そういう**ママさんは、子供が満1歳になるまで、「1日2回、30分ずつの育児時間」を取ることができる**というもの。これは連続1時間で1回という取り方でもＯＫです。

その1日2回30分ずつにしても連続1時間にしても、これは朝夕の始業・終業前後に取るということになるんですか？

先生　始業してすぐに取ったり、終業時刻前30分に取ったりしてもいいですし、勤務時間の途中で取ることもできますよ。

知恵　あ、それなら赤ちゃんを会社の近くの保育所に預けてぇ、ミルクをあげる時間とかにぃ、15分ずつ日に4回保育所行ったりとかもぉ？

先生　それはダメなんですね。あくまでも、**育児時間は30分が一単位**。30分よりも短い時間に分割して取ることはできません。

　また、勤務時間が1日4時間以下の場合には、1日1回30分だけ育児時間を与えればよいことになっています。

知恵　ふ～ん、コワケはだめなのねぇ。だったらワタシぃ、育休のほうがいいなぁ。

準平　まあでも、育休は取らずに働きたいけど……ってケースではありがたいよね。

そうかあ、じゃあ僕も将来結婚してコドモできたら、取らせてもらおうかなあ、育児時間。

先生　残念デシタ。**育児休業はパパでも取れます**がね、別に自分が出産するワケでないんだから**産前産後休業はもちろん、この育児時間もママ限定**です。

準平　なんだ、ダメか。ま、そんな先のことはともかくだけど、ところでこの育児時間は休憩時間に含まれてしまう？　育児時間1時間取ると昼休みなどの休憩時間がなくなっちゃうとか？

先生　そんなことはありません。育児時間は通常の休憩時間とは別に取ることができます。育児時間は、休憩時間とはこれも全く別モノですからね。

育児時間

育児時間は、**生後満1歳未満の子を育てる女性労働者が取得**することができる。

1回30分の育児時間を1日に2回取ることが可能（連続で1時間取ることもＯＫ）。

育児時間を勤務時間帯のどこで取るかは自由〈→125頁〉。

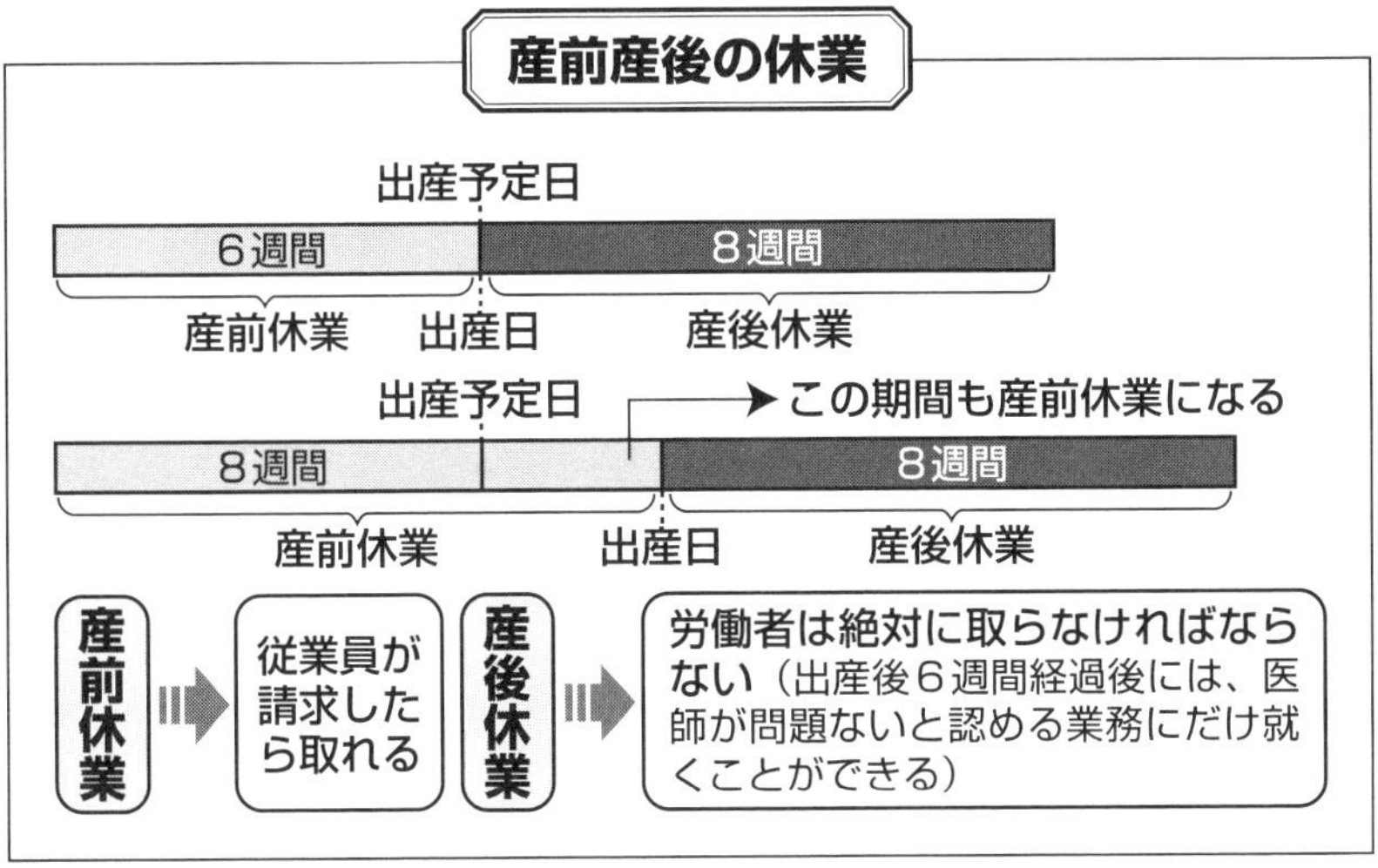
産前産後の休業
出産予定日
6週間
8週間
産前休業
出産日
産後休業
出産予定日
この期間も産前休業になる
8週間
8週間
産前休業
出産日
産後休業
産前休業
従業員が請求したら取れる
産後休業
労働者は絶対に取らなければならない（出産後6週間経過後には、医師が問題ないと認める業務にだけ就くことができる）

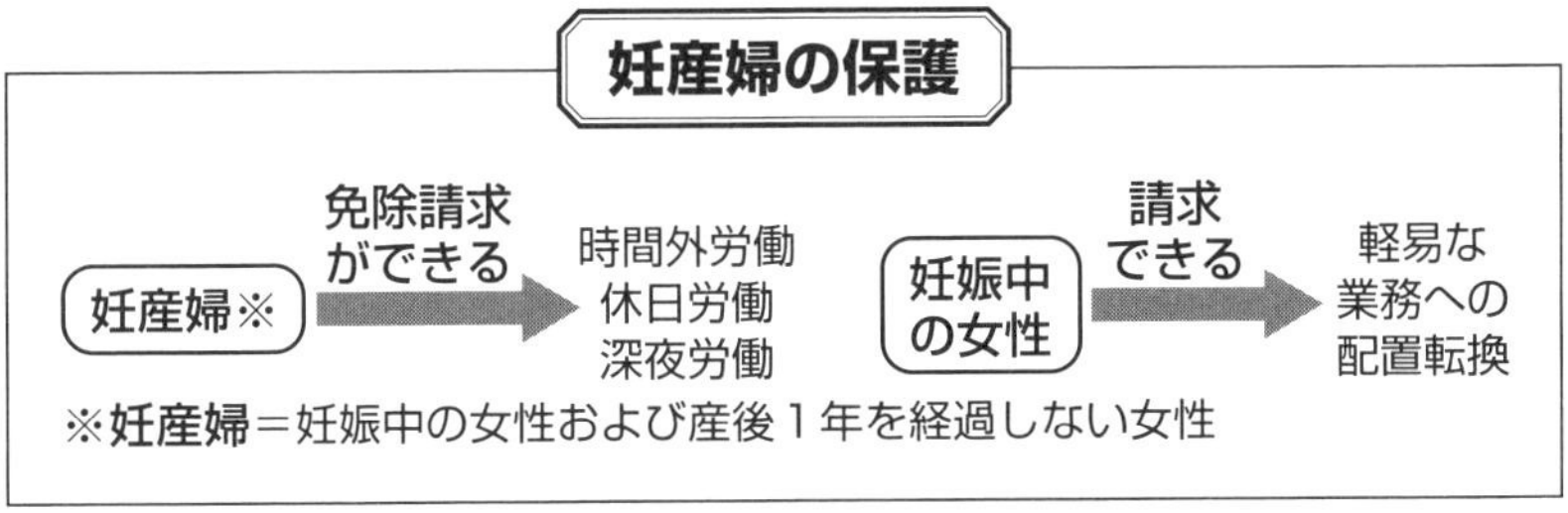
妊産婦の保護
妊産婦※
免除請求ができる
時間外労働
休日労働
深夜労働
妊娠中の女性
請求できる
軽易な業務への配置転換
※妊産婦＝妊娠中の女性および産後1年を経過しない女性

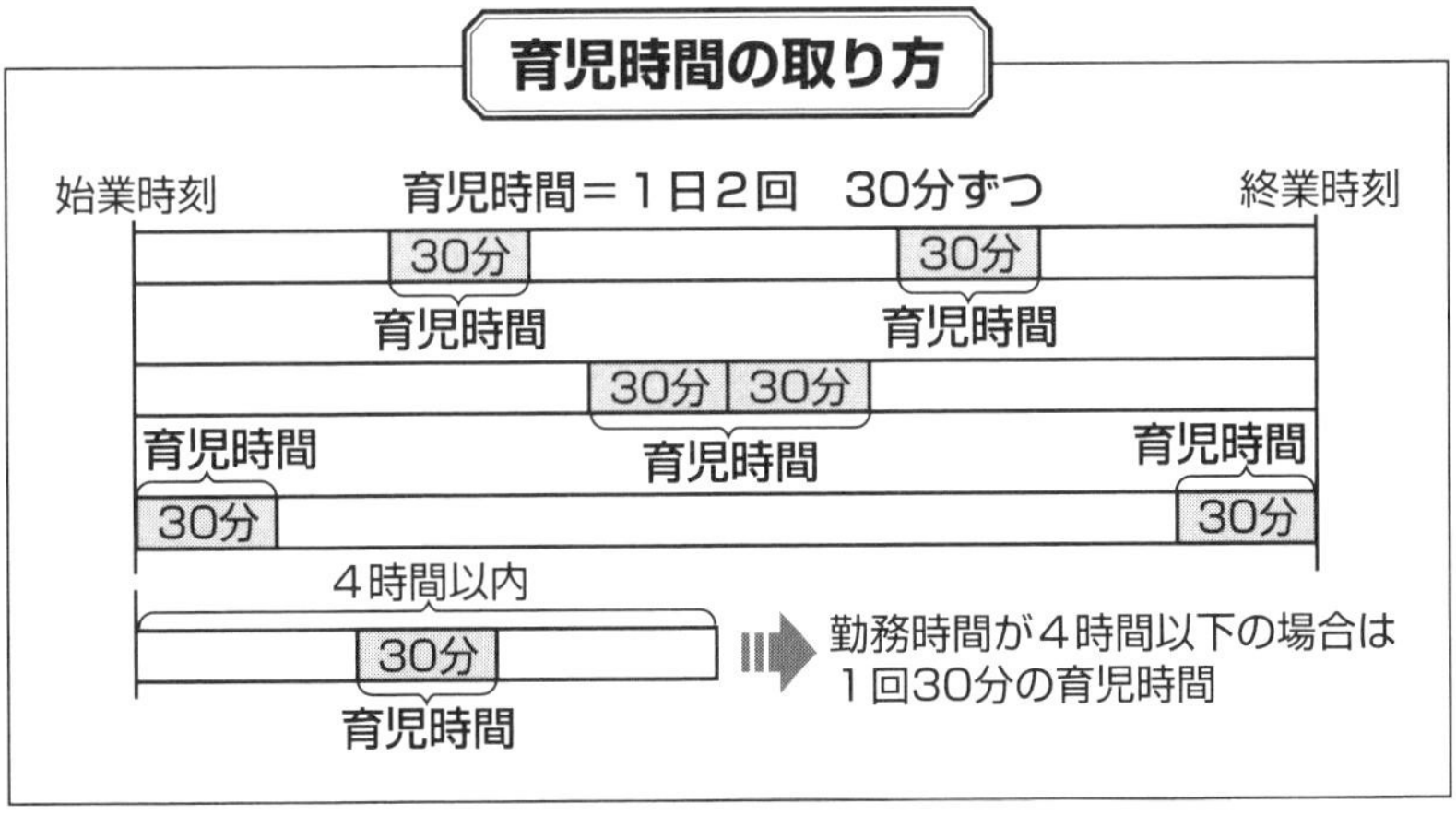
育児時間の取り方
始業時刻
育児時間＝1日2回　30分ずつ
終業時刻
30分
30分
育児時間
育児時間
30分
30分
育児時間
育児時間
育児時間
30分
30分
4時間以内
30分
育児時間
勤務時間が4時間以下の場合は1回30分の育児時間

２ 育児・介護休業等　育児・介護休業制度改正。そのメリットは？

◆一定の要件を満たしていれば育児休業や介護休業、また子供の看護休暇が取得可能。育児休業は平成22年６月の法改正で、育休期間の延長や介護休暇の新設など、さらにメリットが。

★育児休業を取得できる人・できない人

それでぇ、やっぱりワタシ育休とりたいんですけどぉ、前にメル友のトモ子ちゃんが赤ちゃん産んで、勤め先に育休とりたいって言ったら、「あなたは育休取れません」って――。

そんなの、アリィ？　誰でも取れるんじゃないのぉって言ってたんですよねぇ……。

そうねえ、誰でも取れるってわけではないですねえ。**育児休業が取れるのは、原則として１歳に満たない子を養育する男女労働者**――これはママはもちろん、パパも取れます。

ただ、「日々雇い入れられる労働者」、いわゆる**日雇い労働者は対象になっていない**んですね。

あと、パートやアルバイトで**雇用期間が決められている労働者の場合**は、**①同一の事業主に引**

続き雇用された期間が1年以上であること、かつ**②子が1歳に達する日（誕生日の前日）を超えて引続き雇用されることが見込まれていること**、というのが要件になりますが、これも、その後1年間に契約期間が満了して契約更新されないことが明らかな場合は除きます。

知恵　でもぉ、トモ子ちゃんはフツーに正社員なんですけどぉ……。あ、入社してすぐの頃にデキチャッタ婚だったんですよねぇ、トモ子ちゃん。だからなのぉ？　それってぇ差別じゃぁ……。

先生　いや、別にそうゆうことでもないでしょうね。トモ子さんの会社では、勤続1年未満の場合は育児休業が取れない、という決まりが労使協定で結ばれているのかもしれませんね。

労使協定では「こういう場合は育児休業を取ることができない」という決まりをつくることができるんです。例えばこの勤続1年未満とか週の所定労働日数が2日以下とかですね。

じゃあ、これは逆にいえば、労使協定でそういう決まりがなければ、さっき言われた要件に該当しさえすれば、育児休業が取れるということですかね？　でもって、労使協定でこれはダメ、あれはダメなんて決められて、実質育休なんて取れないって会社もあるってことですか？

先生　労使協定の決まりがなければ、先の要件該当者みなＯＫというのは当たっていますが、めったやたらにいろんな条件つけて育児休業を取れないようにすることは、できません。育児介護休業法では、**労使協定で定めることができる「適用除外の要件」というのが決まっている**のでね。

先生　これは労使協定で「こういう場合は育児休業取れません」と決めることができる要件のことで、例えば先の①**働き始めてから1年経っていない者**や、②**1週間の所定労働時間が2日以下の者**、という決まりです。このように決めている会社は確かに多いですね。このほか、③**労働者本人が育児休業を申し出から1年以内に会社を辞めてしまうことが明らかな場合**、もそうですね。

先生　あとね、平成22年6月30日に育児介護休業法が改正になってね、その改正以前は――。

④**配偶者が、「職業について」いない**、これには育児休業その他の休業中や、1週間の所定労働時間が2日以下という場合も含めますが、そういう無職のような状態で、しかも**「病気やけがなどで子を養育することが困難」ではない**、**「産前6週間産後8週間の期間」ではない**、それに**「その育児休業にかかわる子供と同居」している**――と、**これらすべてに該当している場合**も適用除外にできるとなっていたんですが、**改正後は、これは適用除外からはずされました。**

準平　つまり、改正前は、例えば奥さんが無職や育児休業中で、しかも普通に育児に専念できるような状況なら、パパは育休取れないこともあったけど、**改正後は、奥さんが職に就いてなくて**

もパパも育休ＯＫってこと？　そりゃいいな、パパも育休取れるチャンスが増えるわけだ！

先生　そうですがね……。育休とって、でも育児は奥さんに任せきりで自分はふらふら遊んでるだけ、という不届きなパパが世の中に増えたんじゃあ、モンダイですけどね。

育児休業の適用除外

日々雇い入れられる労働者（日雇い労働者）は育児休業を取ることができない。
また、期間雇用の場合は、1年以上雇用されていて、しかも子が1歳に達する日（誕生日の前日）を超えて引続き雇用されることが見込まれていること、等が要件。
また、労使協定で定められた事項に該当する労働者も育児休業を取ることができない。会社の制度がどのようになっているか、また、労使協定の内容を確認すること。

★いつまで取れる？　育児休業の期間

ところでなんですけどぉ、どのくらい取れるもんなんですかぁ、育休ってぇ？

基本的には子が満1歳になるまで。ただし先の改正で、平成22年6月30日からは、**父母ともにそれぞれが育児休業を取るという場合には、子が1歳2ヵ月になるまで育児休業を延長することができる**ようになっています。

だから例えば、子が1歳になるまでママが育休取って、その後、子が1歳2ヵ月になるまでパパが育児休業を取るというようなこともできるわけです。

知恵　1年2ヵ月……、えぇぇ、それだけぇ？　でもぉ、ウチの近所の保育園の空き待ち、1年以上かかることもあるって聞いてるからぁ、それじゃあ足りないかもぉ……。

先生　これは改正前からもそうだったように、そんなふうにね、**子供が1歳になっても保育所に入れないなどといった理由があるときには、子供が1歳6ヵ月になるまで延長可能**なんです。

知恵　ふ～ん、そうなんだぁ。それでもぉ、赤ちゃんが1歳6ヵ月になるまでなのねぇ……。

先生　これはあくまで法律で決められた最低ラインですからね。会社の制度によっては2年間や3年間といった、これより長い期間を定めていることもあるから、就業規則などを見て確認しておくといいでしょうね。

★育休中の給与は？　社会保険料は？

いずれにしても、僕もパパになったら育休取るかな。けど、そうだなあ、この間お給料がもしもらえなかったり減らされたりすると、ちょっと生活苦しいですよね。

その点はね、雇用保険から「**育児休業給付金**」という給付を受けることができます。**産後休業終了のその翌日から、育児休業中、最長で子供が満1歳6ヵ月になるまで**もらえますよ。

ただ最初の申請以降、この間2ヵ月単位で1回1回、それぞれ申請手続をしなければなりませんからね、期限を確認してきちんと手続するようにしなくてはなりません。

もっとも手続自体は会社がやってくれるので、ここのところ念のため確かめておくことですね。

先生　あと、この給付金をもらうには、育児休業開始日の前の2年の間に、12ヵ月就職していて雇用保険に加入していたこと、という要件があります。

これは転職してでも間が空いてでも、とにかく12ヵ月加入していればいいのですが、ただ、この12ヵ月というのも、**賃金計算の対象となる日が11日以上ある月が12ヵ月以上**ということ。

月中途入社や退職でその月の給与が日割りにして11日未満という月は、含めないんですよ。

あ、ワタシ大丈夫、もらえま〜す。でもぉ、どのくらいもらえるんですかぁ？

先生　原則、**賃金月額、つまりだいたいひと月の給与の、およそ50％**（＊）が支給されることになっていますがね。もし、**休業期間中に会社から賃金が支払われた場合には、その賃金額によっては減額支給されたり、あるいは全く支給されなくなることも**あります。それに、1回の支給ごとの支給額に上限があります。年ごとに変わりますから、ここは必要に応じて確認することです。

（＊平成22年4月1日以降に育児休業を取得した場合。同年3月31日以前に取得の場合は「育児休業基本給付金」の名称で30％）

準平　つまり、最大でお給料の5割ってことかあ。ここから税金とか社会保険料とか引かれちゃうと――。

先生　給付金に対しては所得税も住民税も社会保険料もかかりません。そうそう、それから**社会保険料は、給与をもらえるかどうかにかかわらず、育児休業中は免除してもらえます**よ。

これは、**産後57日目から、育児休業中、最長で子供が満3歳になるまで**です。これも会社を通じてきちんと手続してもらうようにしてくださいね。

育児休業期間／育児休業中の「育児休業給付金」と社会保険料の免除

①法律で定められた育児休業期間…子が**満1歳**になるまで。平成22年6月30日施行の改正法により、父母でそれぞれ育児休業を取る場合には子が1歳2ヵ月になるまで取得可能。

保育園に入れない等の理由がある場合は、子が1歳6ヵ月になるまで育児休業期間の延長が可能。

②育児休業給付金…産後休業が終わってその翌日から、育児休業中、最長子が1歳6ヵ月になるまで。最大で、**賃金月額のおよそ50％**〈→132頁＊参照〉が支給される。

③育児休業中の社会保険料の免除…産後57日目から、育児休業中、最長で子が満3歳になるまで。

★家族の介護のために「介護休業」が取れるのは？

ここで「育児介護休業法」による制度のもうひとつ、要介護状態にある家族の介護のための休業についてもお話ししておきましょうかね。

まずは、「**要介護状態にある家族**」ですが、**２週間以上の期間にわたり常時介護を必要とする状態にある家族**、そしてこの家族とは、**配偶者**、**父母**、**子**、**配偶者の父母**、**それに同居しかつ扶養している祖父母**、**兄弟姉妹および孫**をいいます。

先生　次に、これも育児休業と同じように、取得することができない労働者が決められています。

まず、育児休業同様、**日雇い労働者は介護休業を取ることができません。**

また、**労使協定での決まりがあれば介護休業を取ることができないとすることができる「適用除外」**として、①**働き始めてから1年経っていない**、②**週の所定労働時日数が2日以下**、③**介護休業申し出の日から93日以内に会社を辞めてしまうことが明らか**、といったことですね。

逆にいえば、ここも、労使協定で決められていない場合には、週の所定労働時間が短かったりしても介護休業を取ることができるわけですね。あ、そうだ、パートやアルバイトは――？

先生　**期間雇用のパートやアルバイトの場合**には、**入社1年以上、介護休業開始予定日から93日経過するときにも雇用が継続することが見込まれること、その93日経過日から1年経過しても雇用が見込まれること**、といった要件を満たせば、介護休業を取ることができます。

準平　その「93日」って、なにげにハンパな数字ですけど、だいたい3ヵ月ってことかな？

先生　そうですね。で、この**93日が「介護の対象となる家族1人につき」取得できる介護休業の日数の上限**ということになりますが、これは「**通算で93日**」ということ。

先生　つまり、介護を要する状態からいったん回復して、その後また介護が必要となった場合に、前に取った介護休業の日数と合わせて93日以内なら、再度の取得ができるというわけですね。
　また、これより多く取れることにしている会社もありますからね、就業規則を要確認、です。

準平　それで、介護休業中も育児休業中みたいに給付金とか、あと社会保険の免除とかは――？

先生　介護休業期間中にはやはり雇用保険から、「**介護休業給付金**」がもらえますよ。もらえる要件は、基本的には**介護休業を取り始めた日前の2年間に雇用保険の加入が12ヵ月あること**、この12ヵ月のカウント方法の決まりは、育児休業の場合と同じです〈→131頁〉。

先生　この給付金にも申請期限があるから、要注意です。介護休業を取り始めから連続して3ヵ月以上取る場合は、3ヵ月過ぎたときにその3ヵ月分が一括でもらえますが、それ以外は、1ヵ月ごとの申請期限で区切られた支給対象期間ごとに取得した分が支給されます。
　支給額は、**だいたいひと月の給与の、およそ40％**ですね。ここも育休同様、**休業期間中に会社から賃金が支払われた場合には、その賃金額によって減額支給、あるいは不支給**ということもあります。それに、1回の支給時の額に上限がある点も同様です。
　で、**社会保険料**でしたね。こちらはねえ、**免除されない**んですよ、残念ながら。

介護休業の期間／介護休業給付金

①法律で決められた介護休業の日数…「**通算して93日**」まで。要介護状態から回復した後に再び要介護状態になったら、前に取得した日数と合わせて93日以内であれば、再度の取得が可能。

②介護休業給付金…最大で**賃金月額のおよそ40％**が支給される。

★子供が病気になったりけがをしたりしたときには「看護休暇」も取れる

育児休業明けて会社に復帰してぇ……、子育てもタイヘンそうよねぇ。子供が病気したりけがしたりぃ、それで休んだりしたらぁ、有給休暇なんていくらあっても足りないかもぉ。

そこは「**看護休暇**」でフォローですね。育児介護休業法に定められているものですが、**未就学児童、つまり小学校に入るまでの子がいる場合に、年間で5日取得できる**んですよ。

知恵　ほんとですかぁ？　でも年間5日だとぉ、子供が何人かいるとあっという間……。

先生　従来は子供の人数に関わらず**基本的に年間5日**でしたが、平成22年6月30日施行の改正法で、**看護休暇の対象になる子が2人以上の場合には年間10日**までもらえるようになりました。

知恵　そうなのねぇ、あ、じゃあぁ、子供3人産めば15日もぉ!?

先生　ざぁ〜ねんでしたぁ。あのねぇ、子供1人につき最高5日という計算ではなくてぇ、あくまでも合計して年間最高で10日までってことなんですねぇ。

ま、逆にいえばぁ、同じ子のために10日の看護休暇をとっても問題ないってことですがねぇ。

あのぉ、この看護休暇も、育児・介護休業みたいに対象外の従業員とかってぇ――？

先生　ここもぉ、日雇い労働者は対象外でぇ、労使協定で「取れない」ことにできるということではぁ、①働き始めてから6ヵ月経っていない者、②週の所定労働日数が2日以下の者ですぅ。

知恵　そうですかぁ……あ、もうこんな時間！　これからマタニティ・ヨガに行かなきゃならないんです。先生、今日はいろいろありがとうございました。それじゃ、失礼いたします！

先生　慌てて転ばないようにね。……あのプレママさん、慌ててるときは普通にしゃべれるのね。

看護休暇

看護休暇は、小学校就学の始期に達するまでの子がいる場合に取得できる。
従来の制度では年間（就業規則などで決まっていない場合には4月1日から翌年3月31日まで）5日取ることができたが、平成22年6月30日からは、対象になる子が2人以上の場合には、最高で年間10日の看護休暇が取得可能となっている。ちなみに、看護休暇の取得は1日単位。

★平成22年6月施行の改正法で、「介護休暇」の制度も導入！

子供の看護休暇、があるのなら、家族の介護休暇、とかありそうですけど？

いいカンしてますね。実は平成22年6月の改正から、介護休暇の制度も新設されています。
介護休暇の対象となる要介護状態の家族については、介護休業と同様。
ただし、従業員が常時100人以下の中小企業では平成24年6月30日までに適用となる予定です。

準平　で、介護休暇は何日——？　これも看護休暇と同じように最大で年間10日とか？

先生　おお、またなかなかいいところを突いてきましたね。今日はなんだかサエてますねえ。

　原則、介護休暇も看護休暇と同じように年間5日、ただし要介護状態の家族が2人以上いる場合には年間10日が限度になります。ここも対象になる家族1人につき5日が限度というわけではないので、要介護状態の家族が2人以上なら最高で年間10日、そして1人の対象家族のために介護休暇を10日とっても問題なし、ってことですね。

準平　サエてるところでもう一本。看護休暇同様、介護休暇にも適用除外になる従業員がいる！

先生　ピンポ〜ン！　日雇い労働者は対象外、また労使協定で適用除外にできるのが、働き始めてから6ヵ月以内、週の所定労働日数が2日以下の労働者です。ではサエてるところで、今日はこれまで！

介護休暇

平成22年6月30日から（従業員が常時100人以下の中小企業は平成24年6月30日までに適用の予定）、要介護状態にある家族がいる場合に介護休暇を取得できる。基本的に、年間（就業規則などで決まっていない場合には4月1日から翌年3月31日まで）5日の取得が可能。対象になる家族が2人以上の場合には、最高で年間10日の介護休暇を取得できる。ちなみに、介護休暇の取得は1日単位。

育児休業の適用除外

○日々雇用される者

○労使協定で決められた次に該当する者

①会社に引続き雇用された期間が１年に満たない者

②配偶者が次のいずれにも該当する者

◇職業に就いていない（育児休業などの休業によって就業していない場合、１週間の所定労働日数が２日以下の場合を含む）

◇負傷、疾病や身体精神上の障害によって育児休業に係る子を養育することが困難な状態ではない

◇６週間（多胎妊娠の場合は14週間）以内に出産する予定であるか、または産後８週間を経過しない者でない

◇育児休業に係る子と同居している

③育児休業申し出があった日から１年以内に雇用関係が終了することが明らかな者

④１週間の所定労働時間が２日以下の者

⑤労働者の配偶者以外の者で、育児休業の申し出に係る子の親である者が②のいずれにも該当する

⚠②⑤については、平成22年6月30日からは適用されない(労使協定に定めても育児休業を適用除外にできない)

育児休業の期間

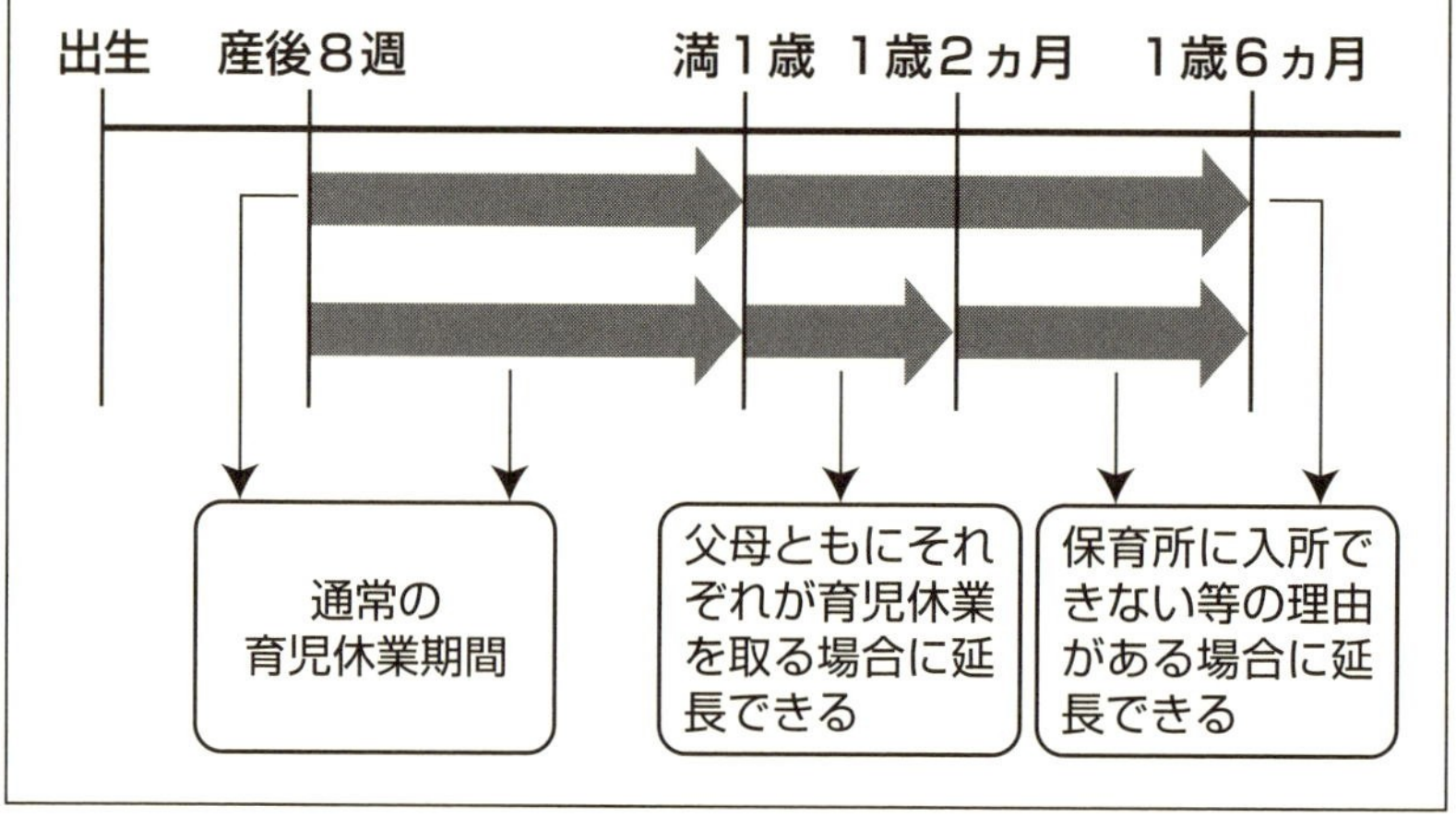

介護休業の適用除外

○日々雇用される者
○労使協定で決められた次に該当する者
①会社に引続き雇用された期間が１年に満たない者
②介護休業申し出があった日から93日以内に雇用関係が終了することが明らかな者
③１週間の所定労働時間が２日以下の者

介護休業の期間

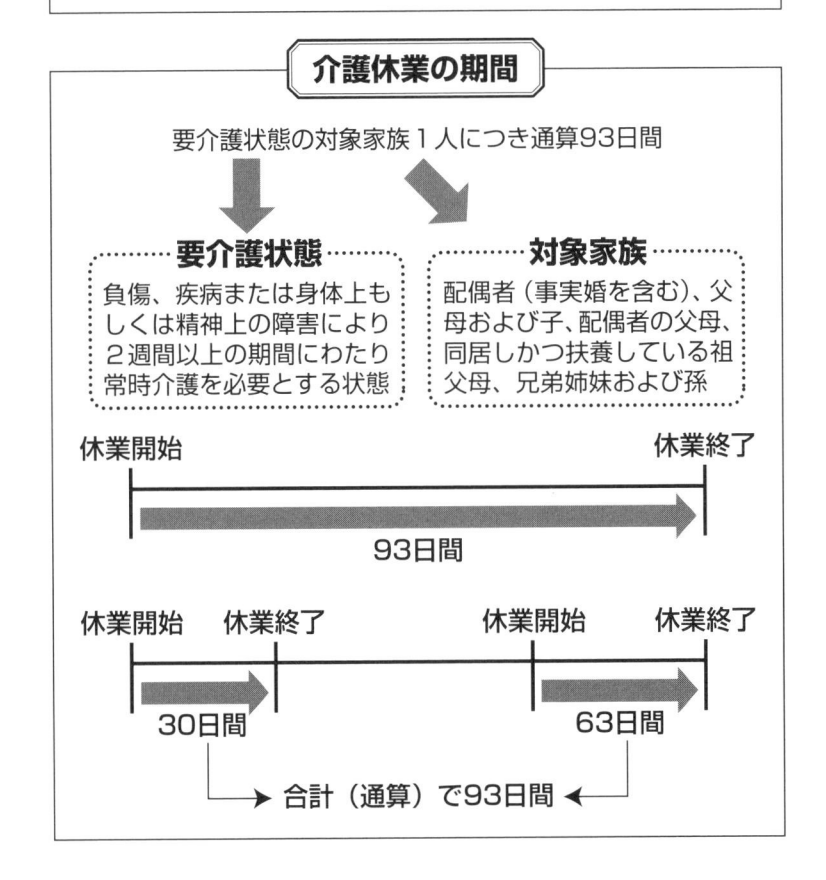

要介護状態の対象家族１人につき通算93日間

要介護状態
負傷、疾病または身体上もしくは精神上の障害により２週間以上の期間にわたり常時介護を必要とする状態

対象家族
配偶者（事実婚を含む）、父母および子、配偶者の父母、同居しかつ扶養している祖父母、兄弟姉妹および孫

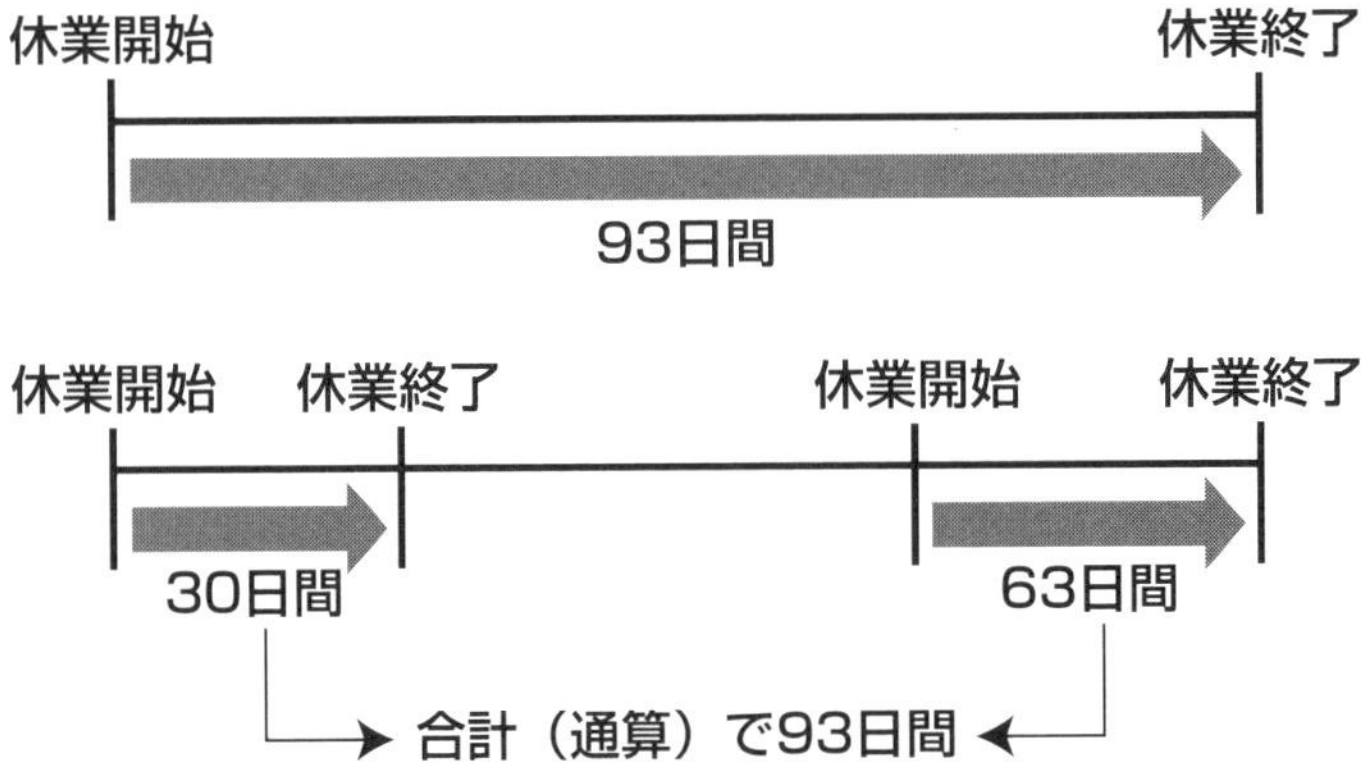

看護休暇の日数

小学校就学前の子がいる場合 → １年間で最高５日

○平成22年６月30日からは

小学校就学前の子が２人以上いる場合 → １年間で最高10日

※小学校就学前＝６歳に達する日の属する年度（４月１日から翌年３月31日まで）の３月31日まで

※１年間＝就業規則等に定めがない限り、４月１日から翌年３月31日まで

介護休暇の日数

平成22年６月30日から（従業員が常時100人以下の従業員を雇用する中小企業は平成24年６月30日までに適用の予定）取得できる

要介護状態の家族が１人の場合 → １年間で最高５日

要介護状態の家族が２人以上の場合 → １年間で最高10日

※要介護状態＝介護休業の場合と同じ

※対象家族＝介護休業の場合と同じ

※１年間＝就業規則等に定めがない限り、４月１日から翌年３月31日まで

第4章　ワケありで長期の休みが取れる場合

3 休職 けがや病気になったら治るまで休職できる？

◆労働基準法には休職についての定めはないが、休職について就業規則に規定がある場合にはその規定に従って休職することができる。

★休職ができるかどうかは就業規則を確認

出産の場合には労働基準法でも休みが取れると決められていますけど、もしけがや病気で長期間仕事ができなくなった場合——あの、働けないなら即解雇、なんてことはないですよね？

仕事上のけがや病気であれば、その療養中と復帰後30日以内は解雇できない決まりですがね——。そうでない、いわゆる私傷病の場合には、特に決まりはないんです。

ですから、まずは**就業規則に休職についての規定があるかどうか**、ということになりますね。

休職の規定があれば、少なくとも即解雇はないですからね。

ただ、休職できる場合や期間などいろいろ条件も定められていますからね。ここは要確認です。

先生　例えば「私傷病で欠勤が1ヵ月続き勤務ができないと認められるとき」とか「私傷病が治る可能性がある場合」といったこと、また「所定の休職期間：○ヵ月」というようなことですね。

準平　その、○ヵ月には上限とか下限とかあるんですか？

先生　これも会社によりまちまち、就業規則にそういうことも明記されます。勤続年数が長くなるほど休職できる期間が長くなるよう、勤続年数に応じて設定されていることも多いですね。

あと「こういう場合なら○ヵ月休職できる」と、ケースごとに条件を設けていることもあります。

準平　いずれにしてもさっきのような条件付きだと、仕事ができないのが1ヵ月未満なら「欠勤」扱いで休職にはならない、ということですよね。

で、気になるのは、「治る可能性」とか「所定の休職期間」といった条件付きの場合――治る可能性がないとか、所定の休職期間内に治らなかった場合とか、どうなってしまうんでしょう？

先生　ここも就業規則を要確認です。**就業規則で「業務上以外のけがや病気で治る可能性がない場合、ないし休職期間を経ても治る見込みのない場合は解雇できる」**、あるいはこのような場合には「**退職することとする**」と就業規則にある、つまり会社と従業員の取り決めがなされている場合には、その時点で解雇されたり、退職しなければならない、というのもやむを得なし、ということになってしまうんですね。

休職の規定があるかどうか、まずは就業規則で確認

就業規則に休職の規定があれば、けがや病気になったときにはその規定に則って休職することができる。一般的には、休職ができる条件や休職期間についても就業規則に記載してある。

★休職期間中の給与はどうなる？

ところで休職できたとして、その間の給与はやっぱりもらえないものなんですかね？

休職期間中の給与を支払うかどうかも、会社が自由に決められるんですよ。これも就業規則に記載されていますからね、確認しておきましょう。

準平　ということは、会社が休職期間中の給与を支払わないと決めていたら——、治療代かかるところに無収入じゃあ、そりゃタイヘンだあ……。

先生　ここのところはね、業務上のけがや病気で休んで賃金が支払われない場合には、労災保険の補償があるのですが、私傷病では、健康保険から給付が出るんです。

「**傷病手当金**」といってね、**３日連続して休んでさらにそれ以上休むことになって、休んだ日の賃金が支払われない場合、その４日目以降の日について支給**されます。

準平　そうかあ、ちょっぴり安心……といっても、それ、どれくらいもらえるんですか？

それにその手続は、自分でやらなければならないんですか？

先生　月で換算すれば、**だいたい月々の給与の３分の２くらい**の金額になりますね。

手続は会社でもやってくれるでしょうが、いずれにしても**こちらから申請しない限り、健康保険のほうで自動的に支給してくれるわけではない**ですからね。事務手続の担当者にしっかりと手続をしてもらうように言っておいたほうがいいかもしれませんね。

休職期間中の給与

休職期間中の給与を支払うかどうかは会社が自由に決められる。

給与が支払われない場合には、健康保険から**傷病手当金**が支給される。

★休職期間が終わったら……

休職期間が終わって、けがも病気も治っているんだったらすぐにでも復職できますけど、でも、完全に治りきっていなくて仕事復帰できなかったら――。

あの、さっきのお話のように、解雇や退職、ということになってしまうのかな……。

そうですね。先ほどのような就業規則の決まり〈↓144頁〉があれば、それによって解雇や退職になるケースが多いといえますね。ちなみに、解雇の場合には、当然、30日以上前に解雇予告するか解雇予告手当の支給が必要になりますがね。

準平　やっぱりキビシイんですね……。

先生　でもね、会社によっては、けがや病気が完全に治っていない場合には、休職期間満了日以降完全に治るまで「リハビリ期間」を設け、勤務条件を軽くして職場復帰させてもらえることもあるんですよ。こういった制度が会社にあるかどうかも確認しておいたほうがいいですね。

休職期間が終わったら

休職期間満了までにけがや病気が治れば復職できるが、休職期間満了までにけがや病気が治っていない場合には、解雇または退職になってしまうこともある。**休職期間満了後に雇用関係がどうなるのかは、就業規則でしっかりと確認**しておくこと。

★休職期間は勤続年数にカウントされる？

ところでこの休職期間って、勤続年数にカウントされるものなんですか？　昇給なんかでも勤続年数によって決まる部分とか、退職金の計算なんかにも関わってきますよね？

基本的には「勤続年数」というのは、「在籍期間」をいうから、通常は休職期間も勤続年数に通算されると考えます。

ただし、**退職金等の計算の際には、「休職期間は勤続年数に通算しない」など、会社は自由に決めることができます**。また、昇給で在籍期間によって決まる部分に関しても「休職期間は在籍期間から除外する」とすることもできるんですね。

先生　また、例えば有給休暇をもらえるかどうかの要件に、出勤率8割以上ということがありましたね〈↓91頁、105頁〉。ここで、私傷病で休職した期間は出勤とはみなさない、としてもいいんですね。

そうすると、長期間休職した翌年には有給休暇がまったくもらえないということもあり得るわけですね。

準平　う～ん、病み上がりの身にはそれもキビシイ……。

先生　勤続年数によっていろいろ左右されるような制度については、休職期間がどのように扱われるかは結構重要なことですからね。就業規則等でしっかり把握しておきたいところです。

休職期間と勤続年数

通常、休職期間も在籍期間なので勤続年数に通算されると考える。

しかし、**各制度の中で休職期間をどのように扱うかは、会社が自由に決められる**。例えば、退職金計算等の条件に「休職期間は勤続年数に含まない」となっていても問題はない。

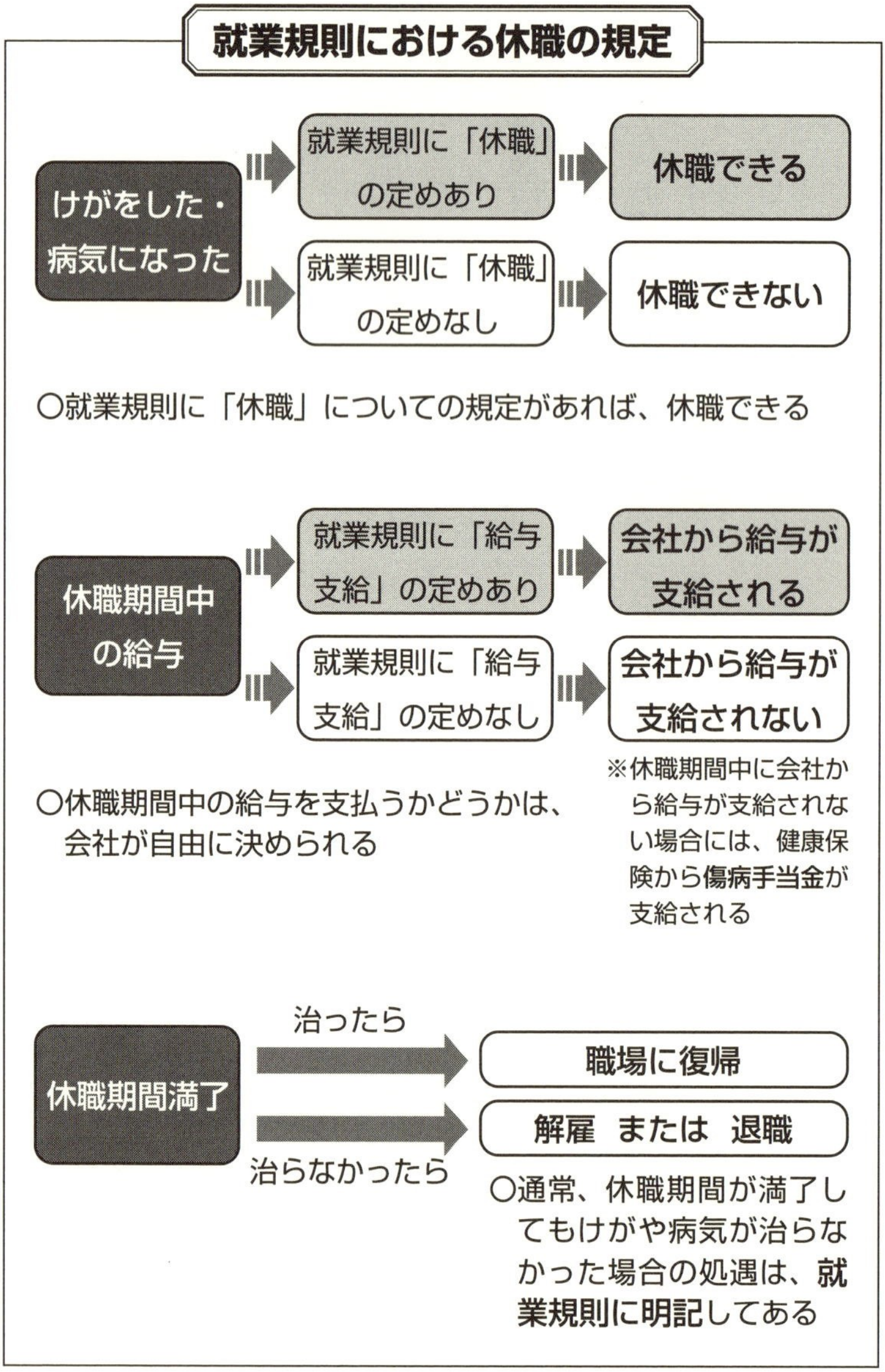
就業規則における休職の規定
けがをした・病気になった
就業規則に「休職」の定めあり
休職できる
就業規則に「休職」の定めなし
休職できない
○就業規則に「休職」についての規定があれば、休職できる
休職期間中の給与
就業規則に「給与支給」の定めあり
会社から給与が支給される
就業規則に「給与支給」の定めなし
会社から給与が支給されない
※休職期間中に会社から給与が支給されない場合には、健康保険から傷病手当金が支給される
○休職期間中の給与を支払うかどうかは、会社が自由に決められる
休職期間満了
治ったら
職場に復帰
治らなかったら
解雇　または　退職
○通常、休職期間が満了してもけがや病気が治らなかった場合の処遇は、就業規則に明記してある

第5章

「賃金」のルール、あれこれ

～労働条件③　賃金

第5章 「賃金」のルール、あれこれ

1 賃金 「賃金支払の5原則」とは？

◆賃金の支払い方には5つの原則がある（「賃金支払の5原則」）。
会社はこの5つの原則に従って賃金を支払わなければならない。

★「賃金支払の5原則」とは

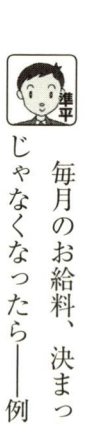

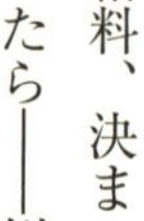

毎月のお給料、決まった日に当たり前のようにもらってるわけですけど、これが当たり前じゃなくなったら——例えば決まった日に払われないとか、一部分が支払われなくなったりとか、ってことが起きた場合。こういうのって、「それは違反だ！」って文句言えるものですかね？

言えます。労働基準法では、賃金の支払い方について——いまさらナンですが、ちなみに、労働基準法では、「給与」のことを「賃金」というんですがね、ここには、必ずあるルールを守って賃金を支払わなければならないことが、ちゃんと決められていますからね。

それは——。

先生　①**通貨で支払う**こと、②**直接支払う**こと、③**全額支払う**こと、④**毎月支払う**こと、⑤**一定の期日に支払う**こと。以上５つをもって、「**賃金支払の5原則**」といいます。

①通貨（キャッシュ）で支払うこと。実は「振込み」は条件付きの例外

その～、もうちょっと深めにお話をうかがわないと――。例えば「通貨」で支払うといっても、銀行振込みだし、それだって今やインターネット上もできるって世の中でしょ。

実はね、現金で支払うのが原則なの。で、銀行口座に振り込むのは例外なんですねえ。それに、賃金を銀行口座に振り込むにも、ここには条件があってね。

準平　へええ、時代錯誤もいいとこだけど、その条件って？

先生　まず、**労働者本人の意思がある**こと。本人が嫌がっているのに強制的に口座振込みにはできないってことです。次に**労働者本人名義の口座に振り込む**こと。
　そして最後に、**給料日には労働者が口座から賃金を引き出すことができるようにしておく**こと。
　つまりどんなに遅くとも、給与支払日の当日中には送金可能な時間に入金しておかなきゃならない、ということですね。

準平　あ、だからお給料日が休みの日にあたる場合は、その前日に振り込まれてるワケですね。

先生　そうです。それから、**通勤費は通勤定期券で現物支給**、というケースもありますが、これも例外にあたりますね。この場合には、**労働協約で決めないといけない**、という条件があります。

準平　労働協約——ですか？　あれ、ウチの会社にそんなのあるのかな。

先生　労働協約は会社と労働組合で結ぶ約束のことですからね。会社に労働組合がないと労働協約は結べませんから、そうすると通勤定期券も現物支給はできないってことになりますね。

先生　それともうひとつ。ここでの**「通貨」は日本の通貨**ということですから、外国人の従業員にもドルやユーロ建てで支払うことはできません。

ただし外国支社との現地での雇用関係の場合には、その国の通貨でもＯＫです。

②労働者本人に直接支払うこと

ま、そりゃそうですよね。仮に奥さんに支払われちゃったりしたら、奥さんに頭上がらない人なんて、お小遣いもらいづらくなっちゃいますもんね。

なんか、アナタもそのクチになりそうですけどね……。

でもね、**「使者」には賃金を支払うことができる、**とあって、この「使者」には**配偶者や同居している子供も含まれる**んですね。そう、本人と一緒に暮らしていているから、本人とは利害が一致する、とみられるんです。

とはいっても、奥さんの口座に振込みなんてのは、ダメ、この場合は現金払いのみですがね。

準平　利害一致？　う~ん、でも奥さんに頭上がらないということもあるなら、どちらかというとそういうの、利害不一致なんだと思うけど……。あ、でも僕は大丈夫ですからねっ、きっと。

先生　まあそういう夫婦の機微ってものはともかくですね。少なくとも、借金取りが会社に押しかけてきて、従業員の給料をこっちに寄こせと脅しても、間違ってもそういう輩《やから》に本人の給料を払っちゃいけないということです。

準平　でも「その筋」のコワ~いのが来ちゃって、ついつい会社が差し出しちゃったりしたら？

先生　その筋でもなんでも、**債権者は「使者」じゃない**んですからね。もし**会社が払っちゃったという場合、会社は労働者本人には賃金を支払っていないことになります**。ですから、労働者は会社に賃金の支払いを請求できます。

③全額、耳をそろえて支払うこと

全額耳をそろえて、といっても、社会保険料とか税金とかしっかり引かれてますけど。

賃金は全額支払わなければいけないけれども、ここにも例外あり。社会保険料や所得税・住民税等、これらはちゃんと法律で賃金から控除することが認められているものですからね。

準平　あれ、でもなんかほかのものも、天引きされてたような気がするけどなあ。

先生　社会保険料や税金など控除することが法律で認められているもの以外でも、**労使協定を結んで、賃金から控除できるものをきちんと決めれば、控除ＯＫ**になるんです。

例えば社宅費や旅行積立金とか、会社で団体契約をしている生命保険の保険料などですね。

準平　労使協定で決めると控除できるってことは——労使協定がないと控除できないから、労働組合のない会社ではダメってことでしょ？

先生　おっとっと、勘違いアリですね。先の現物支給〈↓154頁〉に必要な「**労働協約**」は**会社と労働組合で結ばれるもの**〈↓41頁〉、「**労使協定**」は、**労働者の過半数で組織する労働組合がない場合には、労働者代表と会社との間で結ばれるもの**〈↓51頁〉ですからね。

先生　あとこの原則でモンダイになるのはね――。
例えば遅刻や早退で、その時間分の賃金をマイナスするならいいのですが、**10分遅刻なのにこれを15分刻みで15分としてカウントして差し引いたり、残業しているのに残業代がついていないような場合**。こういう場合もこの「**全額払いの原則に違反**」していることになります。

④毎月１回以上、⑤決められた日に支払うこと

月給制なら月イチ当たり前ですけど、年俸制なら毎月じゃなくても？

いやいや、年俸制でも毎月１回以上支払わなければならないんです。年俸制だからといって、年に１回まとめて支払うことは許されないんですねえ。一方、月給制なら、月２回に分けて支払ってもいいということです。

先生　ただしいずれにしても、毎月「決められた一定の日」じゃなきゃダメです。

「毎月25日から30日の間に」とか、「毎月第３金曜日」といった決め方も認められないんです。毎月25日、あるいは毎月末日っていう決め方でなければなりません。

準平　じゃ、もし給料日前に退職した場合なんかは、辞めた後に振り込まれてくるんですか？

先生　この「一定期日の支払い原則」にも例外アリでね。「**退職時払い**」と「**非常時払い**」というものがあります。これにより、**労働者が退職した際**に、「これまでの賃金支払ってください」と請求すれば、**請求の日から7日以内に支払わねばなりません**。もちろんその７日より前に本来の給料日が来るのであれば、その給料日に支払わなければなりません。

準平　退職時は給料前でも支払ＯＫ、と――。で、この「非常時払い」というのは？

先生　「**非常時払い**」はね、**労働者や労働者に扶養されている家族の非常事態があったようなときに**、**労働者から請求があった場合**には、会社は賃金支払い日前でも、それまで働いた分の賃金を支払わなければいけない、というものです。

　ここでの「非常時」とは、**出産やけが・病気**、**災害**、**結婚**、**死亡など**がこれにあたります。こういったときには、それまでに働いた分の賃金を会社に請求することができるんです。

先生　この**非常時払いの請求**があったら、**会社は「速やかに」支払わなければなりません。**なんてったって「非常時」なんですからね。その趣旨からいっても迅速な対応が必要ですからね。

賃金支払の5原則

①通貨払いの原則‥会社は賃金を**通貨（日本円）の現金**で支払うこと。**口座振込みや現物支給を行うには、一定の条件**を満たすことが必要。

②直接払いの原則‥**賃金は直接労働者本人に支払わなければならない。**ただし本人の**配偶者・同居の子供等「使者」に支払うことはできる。**

③全額払いの原則‥賃金は**全額支払わなければならない。**ただし**社会保険料や所得税、住民税等は賃金から控除する**ことが法律で認められている。また、**労使協定によって決められたものを控除することは可能。**これら以外のものを賃金から控除することはできない。

なお、**サービス残業等、支払われるべき賃金の一部が支払われない場合は、全額払いの原則違反。**

④毎月1回払いの原則‥賃金は**毎月1回以上支払う**こと。**年俸制であっても毎月に分割して支払わなければならない。**

⑤一定期日払いの原則‥賃金は**毎月決められた一定の日**に支払わなければならない。「毎月25日から30日まで」や「毎月第3金曜日」といったあいまいな決め方ではダメ。

賃金支払の５原則

賃金支払のルール

賃金支払の５原則

- **通貨払い**：賃金は現金で支払う
- **直接払い**：賃金は直接本人に支払う
- **全額払い**：賃金は全額を支払う
- **毎月１回払い**：賃金は毎月１回以上支払う
- **一定期日払い**：賃金は毎月決まった日に支払う

通貨払いの例外

※労働者本人の同意が必要

毎月の賃金では

◇本人の預貯金口座に振り込む
◇本人の証券総合口座に振り込む

退職手当では

◇本人の預貯金口座に振り込む
◇本人の証券総合口座に振り込む
◇金融機関を支払人とする小切手で支払う
◇金融機関が支払い保証した小切手で支払う
◇郵便為替で支払う

直接払いの例外

使者（配偶者や子供等）に支払う

※法定代理人や債権者に支払うのはダメ

全額払いの例外

＝給与から一定のものを控除できる

法律で認められたもの

◇社会保険料（厚生年金保険料、健康保険料、介護保険料、雇用保険料）

◇所得税　◇住民税

労使協定で決められたもの

◇社宅家賃、旅行積立金　など

毎月１回払いの例外

◇臨時に支払われる賃金（退職金や死傷病見舞金等）

◇賞　与

◇精勤手当（１ヵ月を超える期間の出勤状況によって支給されるもの）

◇勤続手当（１ヵ月を超える一定期間の継続勤務によって支給されるもの）

一定期日払いの例外

非常時払い

労働者や労働者の収入によって生計を維持する者が非常時の場合には、労働者自身が会社に働いた分の賃金を請求できる

※「非常時」とは…

◇出産、疾病、災害、結婚、死亡

◇やむを得ない事由により１週間以上にわたり帰郷するとき

↓

労働者から請求があった場合には、会社は労働者に働いた分の賃金を支払わなければならない。

退職時払い

労働者退職時に、労働者が賃金を請求した場合には、支払期日前であっても、会社はその請求から７日以内に労働者に賃金を支払わなければならない

※請求から７日以内に通常の賃金支払期日が来る場合には、その賃金支払期日に支払わなければならない

第5章「賃金」のルール、あれこれ

2 賃金「ノーワーク・ノーペイの原則」＝働かざる者もらうべからず？

◆会社には、労働者の欠勤や遅刻・早退をした時間分の賃金を支払う義務はない（ノーワーク・ノーペイの原則）。これらの場合には賃金を減額されることがある。

★「ノーワーク・ノーペイの原則」ゆえに、賃金が減額される場合

そんなじい～っと給与明細書眺めながら、また何を考え込んでいるんです？

はあ、先月3回遅刻したことがあったんですけど……なんだか結構引かれてるなあって。

先生　まあそりゃ、「ノーワーク・ノーペイ」ですからね。**欠勤や遅刻をした時間については、会社は賃金を支払う義務はありません。**減額されてもモンク言えませんねえ。

準平　それにしても、おかしいんですよ。遅刻時間は3回合わせても1時間ちょっとなんだけど、

それより多い額が別に引かれてて――なんかのマチガイじゃないかと思うけど。

先生　それはイケマセンね、1時間の遅刻で1時間分より多い賃金を減額することはできません。
――が、ただね、「遅刻3回で○円を減額」といったルールがある会社もありますからねえ。

準平　ええ⁉　そんなことってあるんですか？
でも、いくら働かなかった分は払わなくてもいいといっても、働かなかった時間分より多く賃金を減額したら、それってなんだか遅刻や欠勤に対する罰みたくなっちゃうじゃないですか。

先生　そ、まさにその通り。「働かなかった時間分を超えた賃金の減額」は、「**減給の制裁**」ってことになりますね。

準平　減給のセイサイ？　セイサイ、せいさい、？？？

先生　減給の「制裁」。つまり、制裁＝罰則として減給する、ということです。有り体にいえば、罰金、ということですがね、どういう場合にこの減給の制裁を行うかは、会社の就業規則で決められているはずです。アナタもここんとこ、ちゃんと確認しておいたほうがいいですね。

準平　じゃあ時間分より多いカットは「遅刻連発のかどで罰金」ってことカモ、なんですね。で、その罰金の額なんですけど、これも会社が自由に決められるんですかね。

先生　基本的にはそうですが、ただし**減額できる上限額**が決まっています。**1回の制裁につき平均賃金の1日分の半額**、また何度も制裁を受けた場合には、それらの**減額の総額が、一賃金支払い期――つまり1回の給与の10分の1を超えてはならない**んです。

準平　じゃあ、給与の10分の1を超えた分はチャラにしてもらえるんだ、そりゃいいな。

先生　残念でした。**超えた分は次回の給与に持ち越されて、そこで引かれる**んですね。分割払いってわけです。世の中それほどアマくありませんってことで、あしからず。

「ノーワーク・ノーペイの原則」と「減給の制裁」

会社は労働者が働かなかった時間については賃金を減額できる（ノーワーク・ノーペイの原則）。

労働者が働かなかった時間を超えて賃金を減額すると、それは「減給の制裁」になる（ただし就業規則に定めが必要）。

減給の制裁には減額できる上限がある。

★会社の事情で働かないという場合には〜休業手当の支給

ノーワークならノーペイ、それはとりあえずナットクですけど——。
でも、不況時の労働者の一時帰休とか、いわば会社の事情で働かないというケースもありますよね。実質、会社のせいでこっちは働かせてもらえないっていうのに、これもノーペイじゃ、なんかちょっとやってらんないって感じ……。

キモチわかります。会社の事情ゆえなのに、働かないから賃金払いませんじゃあ通りませんね。で、**会社の都合で休業した場合など働かなかった理由が会社にある場合**には、会社はちゃんと賃金を保障しなければなりません。
そこで「**休業手当**」というものが支払われるんです。
休業手当は**平均賃金**〈↓167頁〉の**60％以上**の額。これは労働基準法で決められています。

休業手当

会社は、会社の都合で労働者を休業させたときには、労働者に**休業手当**を支払わなければならない。

ノーワーク・ノーペイの原則

会社は、労働者が働いていない時間については賃金を支払う義務がない ＝ ノーワーク・ノーペイの原則

働いていない時間

遅刻した時間
欠勤した時間
➡ これらの時間については賃金をもらえない

※ただし、就業規則などに遅刻・欠勤時には賃金を控除しない決まりがある場合には賃金が支給される

減給の制裁

減給できる上限額は ➡
- 1回の額が平均賃金の1日分の半額（1回の事案の場合）
- 総額が一賃金支払い期の10分の1（複数の事案の場合）

1回の事案の場合：例えば、規則に違反して兼業したので就業規則に則って減給する場合

複数の事案の場合：例えば、規則に違反して兼業し、さらに、会社のお金を横領した場合

休業手当

会社の都合によって従業員を休業させた ➡ 会社は従業員に休業手当を支払わなければならない

（使用者の責めに帰すべき事由により休業させた）

会社の都合（使用者の責めに帰すべき事由）

◇資金繰りの悪化
◇取引先の減少
◇親会社、関連会社の経営難

など。天災事変等不可抗力以外の事由は広く含まれる

休業手当の額

平均賃金の60％以上の額

平均賃金

$$\text{平均賃金} = \frac{\text{算定事由発生日以前３ヵ月の賃金総額}}{\text{算定事由発生日以前３ヵ月の総暦日数}}$$

※賃金締切り日がある場合には、直前の賃金締切り日以前３ヵ月間の賃金総額と総暦日数を使う

○次の期間と期間中に支払われた賃金は除いて計算する（分子と分母から除く）

◇業務上負傷し、または疾病にかかり療養のために休業した期間
◇産前産後の休業期間
◇使用者の責めに帰すべき事由によって休業した期間
◇育児休業、介護休業をした期間
◇試用期間

○次の賃金は除いて計算する（分子から除く）

◇臨時に支払われた賃金
◇３ヵ月を超える期間ごとに支払われる賃金
◇通貨以外のもので支払われた賃金で、法令または労働協約の定めに基づいていないもの

●平均賃金を使うときと算定事由発生日●

平均賃金を使うとき	算定事由発生日
解雇予告手当	会社が解雇を通告した日
休業手当	休業日　※休業が２日以上になった場合には、休業初日
有給休暇の賃金	休暇日　※休暇が２日以上になった場合には、休暇初日
災害補償	事故の起きた日または疾病が確定した日
減給の制裁	会社の制裁の意思表示が労働者に到達した日

●日給、時間給または出来高、請負制の場合●

次の式で算出した額を比べて、どちらか高いほうが平均賃金となる

$$\text{平均賃金} = \frac{\text{算定事由発生日以前３ヵ月の賃金総額}}{\text{算定事由発生日以前３ヵ月の総暦日数}}$$

$$\text{平均賃金} = \frac{\text{算定事由発生日以前３ヵ月の賃金総額}}{\text{算定事由発生日以前３ヵ月の総労働日数}} \times \frac{60}{100}$$

3 賃金 残業・休日出勤・深夜労働の「割増賃金」は何割増し？

◆労働者が残業・休日・深夜労働をした場合には、会社は、法律や政令で定められた割増率以上の割増賃金を支払わなければならない。

★残業・休日出勤・深夜労働の割増賃金のルール

先生、ちょっと僕の友人から相談受けたんですけど――。彼の会社は9時～午後5時勤務なんですけど、5時から6時の時間帯の残業では、割増賃金がつかないっていうんです。残業すれば割増賃金でもらえるはずなのに、これは違法じゃないかって、フンガイしてました。

実はね、「**残業したら通常の賃金に25%以上の割増をつけた割増賃金**」を支払うべしという労働基準法上の決まりでの「残業」とは、「**法定労働時間を超えて働く**」場合、つまり1日8時間を超えて勤務した場合のことなんですね。

ですから9時5時で昼休み1時間だとすると、その会社の所定労働時間は7時間。したがって

5時から6時までの間は法定労働時間内ですから、割増はつけなくてもいいことになります。

先生　もっとも就業規則で「『所定労働時間』を超えたら残業代を割増賃金で支給する」と銘打っているありがたい会社もありますが――。

そうでない場合でも、先の「ノーワーク・ノーペイ」の逆論理から、働いた分は必ず支払われるべし。ですから、**所定労働時間を超えた時間分は、割増でなくても通常の賃金は支払われなければなりません**。ここのところカンチガイしている会社だったら、モンク言わなきゃね。

準平　んじゃ、彼にはそう伝えておきます。で、これは確認なんですけど、夜遅くまで残業したら、深夜労働になりますよね。これにも割増がつくんでしたよね。

先生　深夜労働――夜10時から翌朝5時までの勤務にも、25%以上の割増をつけなければなりません。で、ここも勘違いされやすいのが、「深夜残業」の場合。深夜残業＝25%以上増しでいいと思ったら大マチガイ。法定労働時間を超えた労働が深夜になったら、ここは**ダブル割増**なんです。つまり**残業の割増25%以上＋深夜割増25%以上＝50%以上の割増**が必要なんです。

準平　50%以上増しかあ。あれ、ウチの会社ちゃんとついてたかな、確認しとかなきゃ。

先生　ついでに勘違いシリーズその２。夜間警備などいつも深夜勤務というケースでも、同じ仕事を昼間の時間帯に行った場合の賃金より25％以上割増した賃金にしなければなりません。

先生　さらに勘違いシリーズその３。**管理監督者**〈↓107頁以下〉**には残業代、つまり法定時間を超えた分の賃金を支払う必要はない**のですが、**深夜労働に対しては深夜割増**をつけなければなりません。

ですから、通常の従業員なら深夜労働に対しては通常の賃金の１２５％が支払われるわけですが、管理監督者でも少なくとも**割増部分の25％以上分だけは支払われなければならない**のです。

準平　そうか、ここは管理職になった暁には要チェック、と――。ところで、僕の給与明細書には「休出１」「休出２」って、休日出勤の欄が２つあるんですけど、これって一体――？

先生　休日出勤については、労働基準法では「**法定休日**〈↓81頁以下〉**に出勤すれば35％以上の割増をつけた割増賃金**」を支払うべしと決められています。つまり必ず与えられる週一日の休みないし４週に４日の休みの日に働いたのなら割増賃金を、ということなんですね。

準平　ええっ？　すると、法定ではなく会社が独自に決める所定休日――ウチの会社だと土曜日とかに出勤しても休日出勤手当は出ないってことですか？

先生　所定休日に出勤した場合、その**出勤した所定休日が属する週で、1週間の労働時間が法定労働時間の40時間を超えれば、その超えた時間分を割増賃金**で支払わねばなりません。これは通常の残業として考え、25％以上割増、残業が深夜に及べば、＋25％以上＝50％以上割増です。

先生　一方で、たまたまその週に祝日などの休業日があって、その週のトータル労働時間が40時間以下であったなら、支払わなくてもいいということになりますね。

休出1、2で分けているのは多分、このへんを区別しているんでしょうね。

準平　あらら、すると法定休日が日曜の会社なら、「**休日出勤は日曜日がオトク**」というわけ？

先生　そうなりますね。ただ会社によっては、法定休日出勤なら35％、所定休日出勤なら法定労働時間を超えるか否かにかかわらず25％割増賃金を支払うという会社や、法定でも所定でも、会社が休みの日に出勤すれば一律35％割増で支払ってくれるありがた〜い会社もあります。

一方でなかには**どちらも25％割増で計算している会社も稀にありますが、これはダメ**です。

準平　いずれにしても休日出勤して深夜まで働けば、その時間帯はさらに25％以上の割増がついて、法定休日なら35％以上＋25％以上＝60％以上。日曜に深夜まで、で大儲け……。

先生　……あのね、別に、おトクに残業代もらうために働くわけじゃないでしょ。

割増賃金の支払い義務

会社には割増賃金を支払う義務がある。労働者が**時間外労働（法定労働時間を超えた勤務）をしたときは25％以上、法定休日に働いたときは35％以上、深夜の時間帯に働いたときは25％以上**の割増をつけた賃金（割増賃金）を支払わなければならない。

★時間外労働が1ヵ月60時間を超えたら～平成22年4月からの新しい制度

さてここで新しい制度の登場です。平成22年4月1日から、**法定労働時間を超えた時間外労働が1ヵ月で60時間を超えると、超えた時間については、なんと、50％以上の割増率**で割増賃金が支払われることになっています。

おおっと、ずいぶん気前のいい話になったんですね！

先生　もっとも中小企業は当分の間、この割増率を適用しなくてもいいことになっていますがね。

先生　中小企業以外の会社は、60時間を超える時間外労働に対しては、必ずこの50％以上増しで支払わなければなりません。あとね、**労使協定を結べば、会社は、この50％以上の割増賃金を支払う代わりに、休暇を与えることもできる**ことになっています。

準平　休暇、ですか。で、どのくらいもらえるんだか——、それに休暇をもらうと、やっぱり割増賃金はつかなくなるんでしょ？

先生　休暇に代えたからといって、割増賃金が全くもらえなくなるわけではありません。
　50％以上のうち、会社で決められている通常の割増率の部分は、お金で——つまりその率での割増賃金が支払われなければならないことになっています。そして**その残りの率の部分が休暇に代えられる**ということです。

先生　仮に、通常の割増率25％、60時間を超えた労働時間については50％と決められている場合には、60時間を超えた労働時間4時間につき、休暇1時間に換算されることになります〈↓176頁〉。
　時間外労働が76時間なら、60時間を超えた16時間に対して4時間の休暇が、25％で計算された76時間分の割増賃金とともにもらえる計算になりますね。

準平　時間単位の休暇ってわけですか——あ、前にうかがった〈↓102～103頁〉「有給休暇を時間単位で取れるようになる」の話も、このあたりと関係ある？

先生　そうですね。有給休暇は1日または半日単位で取るのが原則ですが、労使協定を結べば、有給休暇5日以内に限り時間単位で取れることになりますね。その有給休暇の5日以内とは別枠で、時間外60時間を超える部分について時間単位の休暇が取れるのです。

時間外労働が1ヵ月60時間を超えたら50％以上の割増率になる

平成22年4月1日からは、**時間外労働が1ヵ月60時間を超えたら、その超えた労働時間には50％以上の率で計算した割増賃金**を支払わなければならない。

★割増賃金の「定額払い」はＯＫ？

そうそう、これも友人の話ですけど、彼の場合、結構残業当たり前みたいな職場なんですけど、残業代として一定額がはじめから込みのお給料になってるらしいんですよね。こんなふうに割増賃金を定額で支払うのは認められるんですか？

必ずしも違法になるってことではないですね。**割増賃金を定額で支払うことが、就業規則**

や労働契約書で明確になっていて、しかも毎月の割増賃金がどれくらいの額なのかが、労働者側にもちゃんとわかるようになっていなければなりませんがね。

準平　ということは、例えば**「基本給には割増賃金を含む」だけではダメ**で、それがいくらかということも明らかにされていなければならないということですね。

で、そうやって毎月割増賃金が定額だと、月によっては実際に残業した分の割増賃金が定額分を上回ることがありますよね。そういう場合はなんかソンしちゃうような……。

先生　そのような場合には、会社は**実際に残業した分の割増賃金と定額分の差額を追加で支払わなければなりません。**自分でタイムカード等で確認して、割増が足りなければ会社に請求できますね。

割増賃金の定額払い

割増賃金を定額で支払うことについて、その額等も含め**就業規則や労働契約書で明確になっていれば、割増賃金の定額払いは必ずしも違法ではない。**

実際に残業した分の割増賃金が定額分を上回る場合、会社はその差額を支払わなければならない。

割増賃金の計算方法

1時間当たりの賃金額　×　時間外・休日・深夜労働時間数　×　割増率

時間給制	1時間当たりの金額
日給制	日給／1日の所定労働時間数
月給制	月給／1ヵ月の所定労働時間数

※日によって所定労働時間数が異なるときには、1週間における1日平均所定労働時間数

※月によって所定労働時間数が異なるときには、1年間における1ヵ月平均所定労働時間数

給与計算期間中に発生したそれぞれの合計時間数（合計時間数の30分未満を切り捨て、30分以上を切り上げることはOK）

計算時に賃金額から除くもの

家族手当、通勤手当、別居手当、子女教育手当、住宅手当、臨時に支払われた賃金、1ヵ月を超える期間ごとに支払われる賃金

●割増率●

	割増率	深夜になった場合の割増率
時間外労働	25%以上	50%以上
法定休日労働	35%以上	60%以上
深夜労働	25%以上	—

時間外労働が60時間を超えた場合

●適用が除外される中小企業の範囲●

	資本金額または出資総額		従業員数
小売業	5,000万円以下	または	50人以下
サービス業	5,000万円以下		100人以下
卸売業	1億円以下		100人以下
その他	3億円以下		300人以下

60時間

25%以上の割増率

50%以上の割増率 ⇒ この部分のうち、25%以上の割増率を超えた分については、会社は割増賃金の代わりに休暇を与えることができる

休暇を与えるとすると

25%以上の割増賃金+休暇

代替休暇として与えることができる時間数＝（1ヵ月の法定労働時間を超えた時間外労働時間数－60時間）× 換算率※

※換算率＝60時間を超えた時間外労働の割増率（50%以上）－通常の割増率（25%以上）

4 賃金 賃金額をいくらにするかは、会社が勝手に決められる?

◆会社は、労働者に支払う賃金額を決めることができるが、この賃金額には最低額が決められている。賃金額はこの最低額を下回ってはならない。

★上を見たらキリがないが、下にはキリがある!?

準平 友人同士、給料のことが話題にのぼることがあるんですけど、まあ上を見たらキリがないといいえ、各社まちまちですよね。これはやっぱり会社が自由に決められるものなんですか?

先生 基本的には会社が自由に決められるんですがね、最低限度額というものもあってね——。

準平 へええ、その最低ラインも労働基準法の中で決められているんですか?

先生 「**最低賃金法**」という別の法律があって、この中で最低限度額——「**最低賃金**」というのですが、これを下回る賃金設定はできないと決められています。

先生　この最低賃金には2種類あって、一つは**地域別最低賃金**、もう一つは**特定最低賃金**。

まず地域別ですが、ここでいう地域というのは都道府県のこと。地域別最低賃金は都道府県別に決まっているんです。会社は事業所（場）単位でその事業所（場）がある都道府県のラインを守らねばなりません。

準平　都道府県別、となると、地域による格差とかあるんでしょうか――。

先生　１時間当たりの最低賃金額は、全国平均７１３円。最高が東京都の７９１円、最も低いところで佐賀、長崎、宮崎、沖縄県の６２９円。東京なら時給７９１円以上、佐賀、長崎、宮崎、沖縄県なら時給６２９円以上にしなければならないのですね（平成22年3月現在）。

準平　あの、時給といっても、僕ら月給トリは、そうすると――？

先生　**月給制の場合、また週給制でも日給制でも、１時間当たりの賃金額を算出**して、その金額を最低賃金額と比べるのです〈↓181頁図〉。

準平　なるほど。で、もう一つの「特定最低賃金」っていうのはどういうものでしょうか？

先生「特定最低賃金」っていうのは、産業別に決められた最低賃金のことです。以前はそのものずばり、産業別最低賃金って呼ばれていたんですけどね。
この特定最低賃金も１時間当たりの金額で決められているんです。例えば、出版業だと１時間あたり８１９円、となっていますね（平成22年3月現在）。

準平　――そうすると、東京都の出版業の場合、最低賃金は――地域別最低賃金が７９１円で特定最低賃金では８１９円。このどちらになるんでしょう？

先生　２つの最低賃金がバッティングする場合には、どちらか金額の高い方が適用されます。
だから、東京都の出版業の場合には、１時間あたり８１９円が適用されるんですね。

★最低賃金が「減額」される場合

で、こういう最低賃金額を下回る賃金設定はＮＧなんですが、ここにも例外があるんです。
かつては最低賃金の「適用除外者」が定められていたんですけど、今は、「適用除外」ではなく、**「減額特例」**といって、最低賃金を減額できることが決められているんですね。

減額特例、というと、つまり決められた最低賃金より低い賃金額でもいいっていうことになるわけですか？　それはどういう場合に？

先生　例えば、**試用期間中**の労働者は減額特例の対象になるのですが、試用期間中なら最低賃金を下回る賃金を設定することができる、ということですね。ただしこれには、**労働局長の許可**を受けなければいけないんですね。許可がなければ減額はできません。

最低賃金の種類と特例

①**地域別最低賃金**…都道府県別に、1時間当たりの金額で決められるもの。
②**特定最低賃金**…産業別に、1時間当たりの金額で決められるもの。
会社はこれらの最低賃金を下回る賃金を支払ってはならない。
○**最低賃金の減額特例**…会社は、法律で定められた労働者について、労働局長から最低賃金の「**減額特例許可**」を受けると、最低賃金の適用を受けなくなる。

最低賃金の種類

最低賃金
※１時間当たりの額で決められている

→ **地域別最低賃金** ※各都道府県別に決められている
→ **特定最低賃金** ※産業別に決められている

●賃金が最低賃金以上かどうかを調べるには●

賃金額が最低賃金額以上かどうかは、次の式を使って調べる

時間給制の場合 最低賃金額 ≦ 時間給額

日給制の場合 最低賃金額 ≦ 日給額 ÷ 1日の所定労働時間

月給制の場合 最低賃金額 ≦（月給額×12ヵ月）÷年間総所定労働時間

※計算する際には、次の賃金を月給額や日給額などから除外する

●計算の基礎には含めないもの●

◇臨時に支払われる賃金
◇1ヵ月を超える期間ごとに支払われる賃金
◇時間外労働・休日労働・深夜労働等の割増賃金
◇精皆勤手当、通勤手当、家族手当

※地域別最低賃金と特定最低賃金が異なる場合には

地域別最低賃金 ＞ 特定最低賃金 → **地域別最低賃金が適用される**
地域別最低賃金 ＜ 特定最低賃金 → **特定最低賃金が適用される**

最低賃金の減額特例

◇精神または身体の障害により著しく労働能力の低い者
◇試用期間中の者
◇基礎的な技能等を内容とする認定職業訓練を受ける者のうち省令で定める者
◇軽易な業務に従事する者
◇断続的労働に従事する者

→ 労働局長の許可 → **最低賃金の適用を受けない**

第6章

会社を「辞めさせられるとき」のルール

～解雇／懲戒処分／定年

1 解雇　知っておきたい・守るべき「解雇」のルールとは？

◆会社が労働者を解雇するには、法律に定められているルールに従わなければならない。労働基準法には、解雇予告や解雇制限といったルールが定められている。

★労働基準法で決められたルール～「解雇予告」「解雇予告手当」

会社はカンタンには従業員をクビにできないっていいますけど――。その、「明日から来なくていい！　クビだ！」みたいなのと、このご時世、巷で行われている「会社の経営難による解雇」というのは、何か線引きがあるんですか？

「退職（辞職）」が、一般的には労働者のほうから「辞めます」というものだとすれば、「解雇」は、**会社から労働者に対して一方的に雇用関係を終了させて労働者に会社を辞めてもらうこと**。会社の経営難などによる整理解雇や、それに何か本人が大きな問題を起こしてその罰としてクビ、という懲戒解雇も文字通りすべて解雇です〈「懲戒」については→195頁以下で詳説〉。

先生　ただこの解雇にも2種類あります。労働者自身に、辞めさせられても仕方がないというくらいに重大な過ちなどがあったがゆえに解雇される「**懲戒解雇**」。
　これに対し、整理解雇や、会社の仕事を行う能力に欠けるとか、仕事上でないけがや病気で一定期間経過しても治らず職場復帰できないからといった理由も含め、その他の解雇は、「**普通解雇**」といって区別していますね。

準平　解雇には「普通解雇」と「懲戒解雇」の2つがあるということですね。

先生　そうです。でもって、「**どんな場合に普通解雇になるか・懲戒解雇になるか**」については、**あらかじめ就業規則に定めておかなければなりません**。
　就業規則にも書かれていないことでクビになるなんて、ほとんどあり得ないことです。

準平　なるほど。そこんところが「カンタンには辞めさせられない」といわれている所以《ゆえん》？

先生　それ以外にも、解雇には一定の「ルール」がありますからね。
　そのひとつが**労働基準法に定められている「解雇予告」**。これは**解雇をする場合には、解雇する日の30日以上前に「○年○月○日をもって解雇します」と通知しなければならない**ということ。

準平　じゃ、少なくとも明日から来なくていいとか、来週中に辞めてもらいます、はナシですね。

先生　基本的にはそういう決まりですが、ただ、ここらもいろいろ事情があって、どうしても30日以上前に予告することができないという場合もありますね。

そういう場合には、「**解雇予告手当**」というものを支払います。

先生　まず、**「明日から来なくていいです」という場合では、平均賃金**〈↓167頁〉**の30日分以上。**
仮に**「20日後に辞めてもらいます」というのであれば、30日マイナス20日＝10日分以上、10日前に言われたなら20日分以上**が、解雇予告手当として支払われなければなりません。

準平　そうすると、辞めさせられる前の30日分については、とりあえず何らかのカタチでお給料とほぼ同額のお金がもらえるような感じなんですね。

解雇のルール

会社が労働者を解雇する場合には、解雇予告をするか、解雇予告手当を支払わなければならない。
即時解雇の場合には、会社は労働者に少なくとも平均賃金の30日分を支払わなければならない。

★その解雇、マチガってやしませんか？

そうすると、解雇予告か解雇予告手当の支払いさえあれば、解雇してもいいってことになってしまうんですか？

解雇予告するか解雇予告手当を払えばそれでいい、とは必ずしもなりませんね。

解雇には解雇するだけの正当な理由が必要です。**労働契約法**という法律にも「**解雇は客観的に合理的な理由を欠き、社会通念上相当であると認められない場合には、その権利を濫用したものとして、無効とする**」ときっちり定められていますからね。

準平　あ、そういえばさっき、どういう場合に解雇するかは就業規則に決められていなければならないっておっしゃっていましたよね。

先生　そう。まずその**就業規則の決まり自体、誰がみても、こういう場合なら解雇はしょうがないと思える理由でなければなりません**ね。

ただ、就業規則の決まりといっても、具体的な状況がこと細かに書かれているわけではありませんから、**具体的なケースについて、その事実が就業規則の決まりに該当して、解雇が本当に妥当であるかどうか**がひとつ、モンダイになりますね。

先生　例えば、就業規則に勤務態度不良だと解雇できるとあった場合。そこで遅刻を1回したら解雇された、なんてことになると——。

準平　ええっ、遅刻1回でクビなんて、ちょっとそりゃ殺生な、ですよ。

先生　そうですね。何度も何度も遅刻を繰り返して、そのたび注意しているのにちっとも良くならないとか、また会社のお金を横領したなんてことになれば、解雇はしょうがないと思うけれど、遅刻1回なんて、**普通に考えたらそのくらいで解雇はちょっとヒドイと、皆が思うような場合**。こういった場合には、その**解雇は無効になる可能性が高い**ですね。

解雇には正当な理由が必要

解雇には、客観的にみて合理的な理由が必要。
つまり、誰がみても解雇はやむを得ないだろうといった理由がないと、解雇はできない。

★「解雇が禁止されている場合」もある

もうひとつ、大事なルールがあってね。法律で解雇が禁止されている場合があるんです。これにはいくつかあるのですが、まずは**「国籍や信条を理由とした解雇」は禁止**されています。

次に、業務上の理由でけがをしたり、病気になったりしたときには、その療養中と療養後30日間は、解雇できません。また、産休中と産休後の30日間も、解雇できないんですね。

へえ、すると例えば、この期間中に、本人が懲戒解雇になるようなことをしても？

先生　ダメなんです。この期間中には一切解雇できません。だからといって「今ならワルイことしても……」でやっちゃったら、この期間が明けるや「明日から来なくていい」はあり得ますね。

解雇が禁止される場合（解雇禁止事由）

業務上のけがや病気で療養中と療養後30日間、産休中と産休後30日間は解雇することができない。

労働基準法をはじめ労働関係法では、解雇を禁止する場合が多く定められている。

★「雇い止め」は「解雇」とは違う?

あの、最近よく聞く「雇い止め」という言葉、これは「解雇」とは違うものなんですか？

「雇い止め」というのは、**雇用契約の期間を決めて雇用されている労働者が、雇用契約を更新されないこと**なんですね。だから「解雇」ではないのですが、解雇モドキとみるんです。

準平　でも契約期間が決められているんなら、契約期間満了で終わり、でモンダイないんじゃないですかね。それに「解雇モドキ」っていっても——どこがモドキっていうことですか？

先生　原則はアナタの言う通りですがね。でも、例えば契約更新が何度も繰り返されたりして、これからも更新されると思っていたら更新されなかった——なんてガッカリでしょ。このように**雇用契約更新が期待できるのに、更新されない**場合には、解雇と同じようにみるということです。

先生　まずひとつに、解雇には正当な理由が必要だったでしょ。だからここでも、**雇用契約を更新しない「正当な理由」が必要**ということですね。

先生　また、**期間を定めた雇用契約が1年以上継続している場合や、雇用契約が3回以上更新されている場合で雇い止めをするときには**、会社は**少なくとも30日前までに**、「解雇予告」ならぬ**「雇い止めの予告」**をしなければなりません。

> **雇い止めにも正当な理由が必要**
>
> **雇用契約の更新が期待されるようなときに、雇用契約が更新されない場合**には、それは**解雇と同じようにみる**。つまり、雇用契約を更新しない場合には、**更新しない正当な理由が必要**、またケースによっては30日前までに**「雇い止め予告」**が必要ということ。

★「退職勧奨」は退職をおススメする行為～これには「NO」と言える

ところで先生、これもときどき聞くことですけど、ナニゲに人事部長に呼び出されて――「かくかくしかじかの理由で、この会社を辞めたほうが、君のためでもあると思うんだがね。どうかね……」みたいなことを言われた場合。

これって、やっぱりイコール解雇ってことで、これには「はい、そうですね。わかりました」って答えなければならないものなんでしょうか？

そういうのは**「退職勧奨」**といいますね。会社が**労働者に退職してもらうよう、働きかけること。**だから**解雇とは違います。**もっともホンネは、解雇したいけど、正当な理由が見つからないとか、その他モロモロの事情で解雇はちょっと……って場合にやられがちなことでもありますがね――。でも、あくまでおススメされてるだけなのだから、**いやなら、断っていい**のです。

準平　でも、会社は辞めさせたがっているとすれば――「NO」と言っても、こちらが「YES」と言うまで、シツコク迫ってきたり、あの手この手で無理強いしてくるかも……。

先生　例えば、退職を拒否しているにもかかわらず何度も、また長期間にわたり退職を求めたり、一室に監禁したり、イジメなど精神的なダメージを与えたりして退職を求めたりする行為は、それは**退職勧奨の域を超えた「退職強要」**として、**違法行為とされる可能性が高いです。ですから、それで辞めても、その退職は無効にできる可能性も非常に高い**ということです。

退職勧奨には「NO」と言える

会社からの**退職勧奨に応じるかどうかは労働者の自由。退職を強要するような退職勧奨は、違法行為になる可能性が高く、**その場合の**退職も無効となる可能性が高い**といえる。

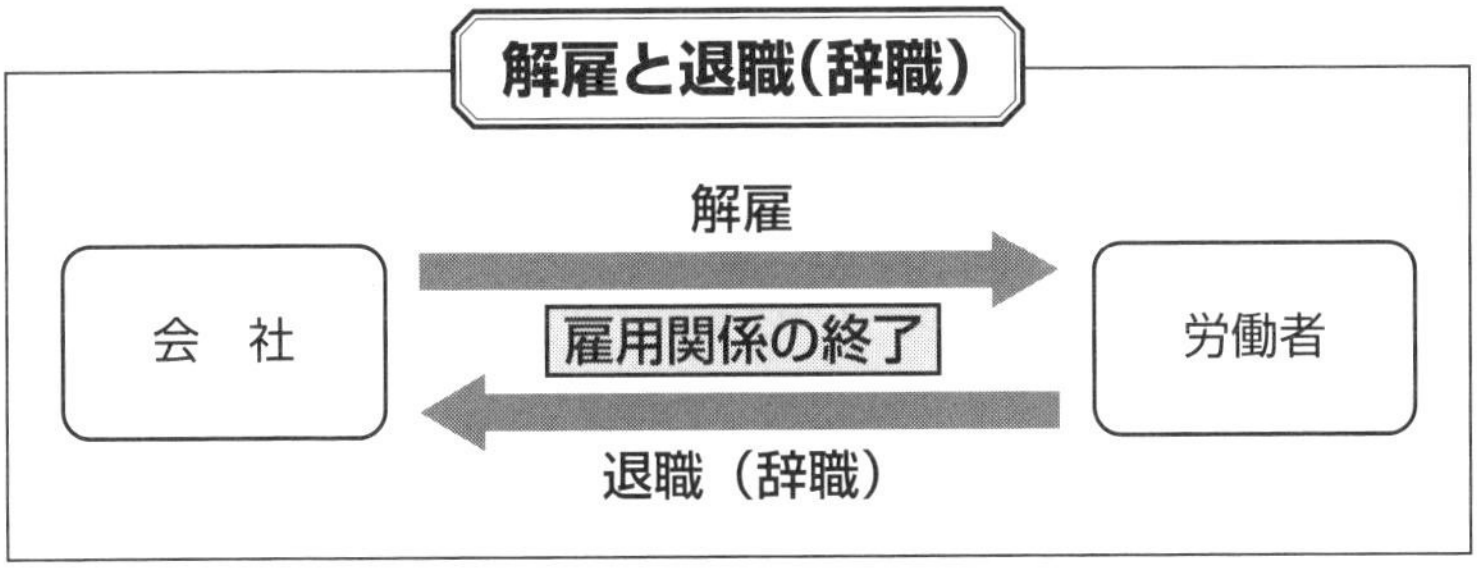

解雇予告と解雇予告手当

解雇するには…

30日前までに解雇予告 または **解雇予告手当の支払い**

…が必要

●解雇予告または解雇予告手当の適用除外●

◇日々雇い入れられる者	※１ヵ月を超えて引続き雇用されたときには適用除外にならない
◇２ヵ月以内の期間を定めて使用される者	※定めた期間を超えて雇用されるに至ったときには適用除外にならない
◇季節的業務に４ヵ月以内の期間を定めて使用される者	※定めた期間を超えて雇用されるに至ったときには適用除外にならない
◇試用期間中の者	※14日を超えて引続き雇用されるに至ったときには適用除外にならない

●解雇予告または解雇予告手当が必要ない場合●

◇天災事変その他やむを得ない事由のために事業の継続が不可能となった場合

◇労働者の責めに帰すべき事由（重大な非行や規律違反）に基づいて解雇する場合

※どちらの場合も労働基準監督署で**解雇予告除外認定**を受けなければならない

解雇が禁止される場合

◇業務上の負傷疾病による療養期間と療養後30日間

◇産前産後の休業期間と休業後30日間

↓

この期間は解雇できないが、
下記の場合には例外的に解雇ができる

◇療養開始から３年経過後に、会社が打切り補償（1200日分以上の平均賃金）を支払った場合

◇天災事変その他やむを得ない事由のために事業の継続が不可能となった場合（労働基準監督署で認定が必要）

●その他解雇が禁止される場合と根拠法●

◇労働者が労働組合の組合員であることや、組合に加入したり組合を結成したことなどを理由とする場合	労働組合法
◇女性労働者が婚姻、妊娠、出産したことや、産前産後の休業をしたことなどを理由とする場合	男女雇用機会均等法
◇育児休業、介護休業の申し出をしたことや、またはそれらの休業をしたことを理由とする場合	育児介護休業法
◇労働基準法違反、労働安全衛生法違反を労働基準監督署に申告したことを理由とする場合	労働基準法・労働安全衛生法

雇い止め

◇雇用契約が何度も更新されている

◇雇用契約更新時にシッカリと更新手続がなされていない

◇会社に雇用契約更新を期待させるような言動があった

⇒

雇用契約更新に期待がある

期間の定めのない雇用契約と同視できる

⇒

雇用契約を更新しないのは解雇と同じ

第6章　会社を「辞めさせられるとき」のルール

2 懲戒処分　その懲戒処分、NGじゃあないですか？

◆一般的に懲戒処分には、出勤停止や懲戒解雇などがある。これらの懲戒処分を行うためには根拠が必要で、就業規則等に懲戒処分をすることが明記されていなければならない。

★就業規則に定めがない懲戒処分はNG！

先だって、懲戒解雇はきちんとした理由が就業規則に定められてなければダメっていうことでしたけど〈↓185頁〉、そういうのっていわば罰則規定みたいなものなんですかね。

そうですね。いわゆる「懲戒」処分は懲戒解雇のほかにも、けん責、出勤停止などがありますが、いずれも根拠もなくできるものではありません。懲戒処分をするには、まず「懲戒処分をする」ということ自体、就業規則などに定められていなければなりませんね。

準平　じゃあもし、就業規則にもどこにも定められていない場合には、懲戒処分はできない？

先生　そうなります。さらに、懲戒処分があるというのなら、「どんな場合に、どのような種類の懲戒処分が行われるか」も就業規則に定めておくことになりますね。

懲戒処分を行うには、就業規則等に定めがなければならない

就業規則等に懲戒処分することが決められていない場合には、会社は労働者を懲戒処分にすることができない。

★懲戒処分の種類

その、懲戒処分についての規定って、どんなふうに決められているんでしょう？

例えば、「従業員が次のいずれかに該当するときは、情状に応じ、けん責・減給または出勤停止とする」とか、「〇〇〇のときは懲戒解雇にする」という文言があって、そのあとにその処分になるいろいろな場合が列挙されている、というスタイルが多いですね。

準平　あの、その「けん責」っていうのは？

先生　始末書を求めるものですね。これは罰則としてはあまり重くないのですが、この処分を受けると、賞与や昇給・昇格の際に不利になることが多いですね。

準平　ああ、そういえば去年先輩が、不注意で営業車の車庫入れに失敗してボコボコにして、始末書を書かされてされてたなあ。それでもってボーナスの査定でも、評価減点されていくらか引かれたって言ってたけど――。

準平　でも次の減給っていうのは、これとは違うわけですよね。もしかして――給料から罰金差し引く、前にも教わった〈↓163～164頁〉**減給制裁**ということですか？

先生　そうです、よく覚えていましたね。賃金を減額すること。その**減額には上限**があって、**１回の事案で平均賃金の１日分の半額、複数の事案で一賃金支払期つまり１回の給与額の10分の１**まででしたね。

で、もうひとつ、**出勤停止**。いうまでもなく一定の期間出勤を禁止することですが、この**期間については特に法律上の制限はない**んですね。

準平　へええ。すると延々と出勤停止が続いて……なんか、バカンスでもできそう。

先生　……そんなノーテンキなこと言ってられないでしょ。**その間賃金はもらえない**んですから。出勤停止期間によっては、減給よりも多額の賃金が支払われないことになりますからね。

準平　そっか。「出勤停止」は重い罰則なんですね。でも給料払わなくていいなら、「ここは懲らしめてやる」とばかりに会社はそれこそ、延々と出勤停止状態にするなんて、あるカモ？

先生　**あまりにも長い期間は設定できない**でしょうね。6ヵ月の出勤停止期間を長過ぎるとして無効にした判例もありますからね。**一般的には10日以内の日数を決めていることが多い**です。

準平　まあ、無期懲役ならぬ無期出勤停止みたいなことなら、懲戒解雇となるわけですかね。

先生　そうね、罰則としては最も重いものですね。**懲戒解雇だと退職金が減額、ないしは全くなしということも**あります。そこらへんも就業規則で定められています。

準平　はああ、退職金なしじゃあ、こりゃタイヘン。「明日から来なくていい！」なんてことになると、いくら自分が悪いといえ、路頭に迷うことになりますよね……。

先生　会社のお金を横領したなど、よほど重大な損害を会社に与えているような場合では即刻クビ、もアリかもしれませんが、**懲戒解雇イコール即時解雇ではない**ですからね。

先生　それに、従業員の重責による解雇では、労働基準監督署から認定を受けて、解雇予告や解雇予告手当を免除してもらえるケースもありますが、これはかなり限定的です。会社の就業規則で懲戒解雇にあたる場合でも、認定されないことも結構ありますからね。
基本的には**懲戒解雇でも、解雇予告や解雇予告手当の支払いが必要**です。

懲戒処分の内容

懲戒処分には、主に**けん責**、**減給**、**出勤停止**、**懲戒解雇**などがある。減給には減給できる額に上限が、また懲戒解雇でも解雇予告や解雇予告手当が必要であるなど、懲戒処分にも制限がある。

★こんな行為には、こんな懲戒処分。「ミスマッチ処分」では無効になることも

どんな行為がどんな懲戒処分になるのか――これは会社が自由に決められるんですか？

そうですね。そういう「懲戒事由と懲戒処分」については、基本的には会社が自由に決められます。でもね、懲戒事由と懲戒処分は、そのバランスがとれていないといけません。

例えば、前にも言ったように〈↓188頁〉、遅刻1回で懲戒解雇というのでは、罰則が重過ぎますね。「その懲戒解雇は無効」とされる可能性が非常に高いです。

準平　そうですよね、遅刻1回で会社辞めさせられるなんて、ちょいミスマッチ処分。

先生　そう、懲戒解雇に限らず、いくら就業規則に記載されているからといって、**その行為の重大さに対する罰則の重さがアンバランス、ミスマッチという場合、その懲戒処分は無効になる可能性が高い**といえます。

懲戒事由と懲戒処分のバランス

一般的に、さほど重大でもないと思われる事由に対して、重い罰則（懲戒解雇など）を課すことはできない。**懲戒事由と懲戒処分のバランス**、つまり**「行為の重大さ」と「罰則の重さ」のバランスがとれていない場合には、その懲戒処分は無効**となることがある。

就業規則の内容通りであれば常に懲戒処分が有効になるわけではない。

懲戒処分

懲戒処分

➡ **就業規則に定めがないとダメ**

※懲戒事由と懲戒処分の種類が定められていること

➡ **懲戒事由と懲戒処分のバランスがとれていないとダメ**

※行為の重大性（懲戒事由）と罰則の重さ（懲戒処分）のバランスがとれていること

懲戒処分の種類

けん責	始末書を提出させる	実質的な不利益はないが、賞与や昇給・昇格の査定時に不利益に考慮されることがある
減　給	賃金を一定額差し引いて支給する	減額できる上限は、平均賃金１日分の半額、一賃金支払期の賃金額の10分の１
出勤停止	一定期間出勤を禁止する	出勤停止期間に上限はないが、長期にわたる出勤停止は無効になることがある
懲戒解雇	解雇する	即時解雇するには労働基準監督署の「解雇予告除外認定」が必要。これがない場合には、解雇予告または解雇予告手当の支払いが必要

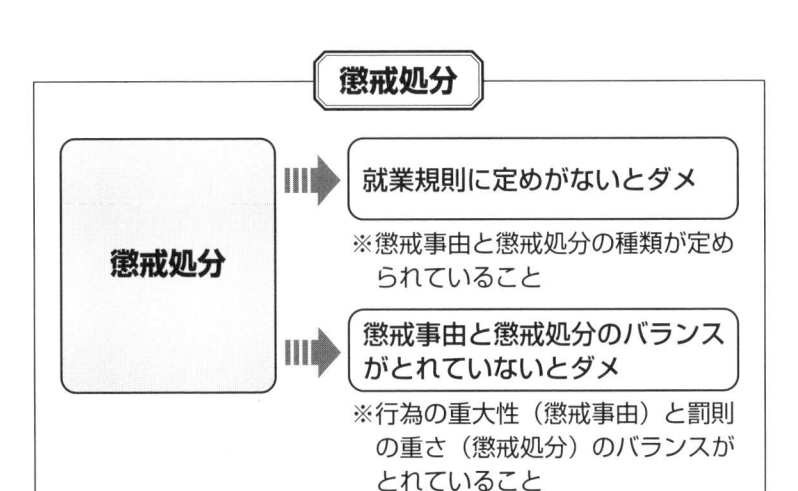

第6章　会社を「辞めさせられるとき」のルール

3 定年　いくつになったら、ご隠居さん？

◆定年年齢は会社により異なるが、会社が雇用を継続する措置をとらなければならない年齢が段階的に引き上げられ、平成25年4月1日以降は65歳になる予定。

★ところで、「定年退職」それとも「定年解雇」？

おととし父が定年退職したんですけど――公務員でも会社員でも「定年」ってつきものなんですかね？　でもある年齢になったら辞めなきゃいかんと会社で決められてるなら、「退職」というよりは「解雇」に近いような気もしますけど。

ほとんどの会社で定年を定めていますね。定年がない会社はあまりないと思います。で、これが「退職」か「解雇」か、というモンダイですけど――。

定年が「退職」になるか「解雇」になるかは、会社が決めることなんですね。これは就業規則に定めておかなければなりません。

先生　就業規則で「定年がきたら退職する」となっていれば、それは会社と従業員とのお約束。その約束通り、その日が来たら、自動的に労働契約（雇用契約）が終了するということです。

準平　じゃあ、就業規則で「定年がきたら解雇する」とあれば、定年という正当な理由で解雇されるというわけですね。ま、どちらにせよ会社をサヨナラすることにはかわりないワケですけど。

先生　とはいってもね、定年が来たら退職になるのか解雇になるのかは、事前に就業規則で確認しておいたほうがいいでしょうね。もし**定年年齢がきたら解雇になる場合**であれば、ここは労働基準法に則って、**解雇予告ないし解雇予告手当の支払いが必要**になるわけですからね。

準平　はああ、そうかあ――。定年で解雇、も、曲がりなりにも解雇ってことですもんね。

定年は退職か解雇か

定年を**退職とするか解雇とするかは会社が決められる。**
もし**解雇となる場合には、退職時には解雇予告または解雇予告手当の支払いが必要**になる。

★会社は、65歳まで雇用を継続するための措置をとらなければならない

父は60歳定年だったけど、一般的には何歳くらいまで会社に勤められるんでしょうか？

定年年齢については会社が決めることですから、会社によってまちまち、ではあるのですがね。ただ、**「高年齢者雇用安定法」**という法律によって、**ある一定の年齢までは雇用を継続できるよう、そのための措置をとらなければならない義務**があるんです。

その年齢は平成18年以降段階的に引き上げられていて、平成22年4月から平成25年3月までは64歳ですが、平成25年4月からは65歳になる予定です。

準平　つまり平成25年4月からは、最低でも65歳になるまでは働くことができるようになるということですよね。すると、定年年齢も65歳以上に設定しなければならないということ？

先生　その年齢まで雇用を継続するために会社がとるべき措置の選択肢としては、3つの方法が挙げられていてね。必ずしも定年年齢を引き上げるということでなくてもいいんですね。

もちろん、ひとつには**①定年年齢を65歳以上まで引上げ**、がありますが、**②定年年齢が65歳未**

満に設定されている場合には、継続雇用制度の導入、③定年制度の廃止、があります。

準平　その2番目の継続雇用というのは、具体的には——？

先生　例えば定年年齢が60歳なら、60歳から65歳になるまで、勤務延長や再雇用すること。具体的には、**勤務延長**なら、**定年になった労働者を退職または解雇することなく引続き雇用すること**。一方、**再雇用**では、**定年になった労働者をいったん退職または解雇して、その後、再度雇用契約を結ぶ**ことです。

準平　つまり、一度雇用契約がなくなるかどうかが違うところなんですね。いずれにせよ、仮に定年が65歳未満でも、定年以後65歳までみんな働くことができるようになるわけですね。

先生　原則はそうなんだけれども、労使協定で、継続雇用する対象になる労働者を決めることができることになっています。だからその労使協定の内容によっては、継続雇用されない労働者も出てくる、ということになりますね。

準平　あらま。こぼれちゃう人もいるってわけですか。でも対象になる・ならないって、どういうところでふるいにかけられるんでしょ？

先生　**継続雇用される条件を満たした従業員かどうか**——例えば、「過去2年間の営業成績が平均以上の者」だとか「勤務評定の評価がBランク以上」といった具合に、具体的な条件を労使協定で決めて、これに見合った従業員なら雇用を継続しますよ、ということです。

準平　う〜ん、その歳になってもサバイバル……か。いっそのこと③の定年制度廃止にしてくればいいのに——。

先生　定年自体をなくしてしまうことね。そうなれば、従業員本人から退職の申し出をしたり、会社から解雇されない限りはずっと働き続けることができるってことになりますがねえ。

まあ、あまり現実的でないというか、この③を選択する会社は、非常に少ないようですけどね。

65歳までの雇用継続

会社は労働者が64歳（平成22年4月〜平成25年3月まで。平成25年4月1日以降は65歳）になるまで雇用を継続するため、①定年年齢の引上げ、②継続雇用制度の導入、③定年の廃止のいずれかの措置をとる義務がある。

定年退職？　定年解雇？

定　年

- **退　職** → 定年年齢になったら自動的に雇用関係が終了
- **解　雇** → 定年年齢になったら解雇になる
  ※解雇予告または解雇予告手当の支払いが必要

65歳までの雇用継続

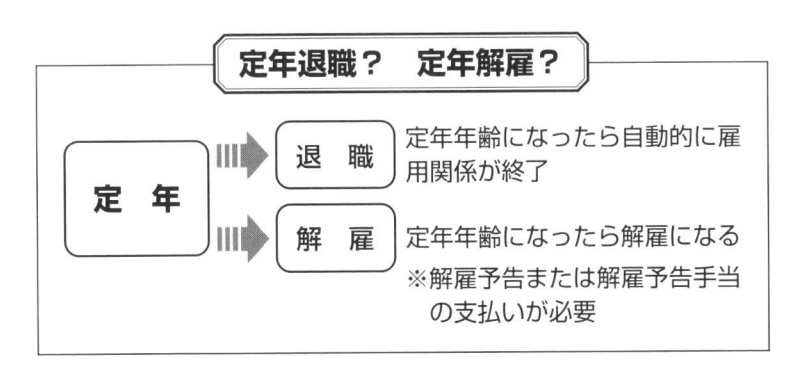

3つのうちいずれかの措置をとらなければならない

65歳までの雇用継続

※平成25年４月からは65歳までの雇用継続、平成22年４月から平成25年３月までは64歳までの雇用継続をしなければならない

- **定年の引上げ**
- **継続雇用制度の導入**
  労使協定で継続雇用の条件を決めることができる
  ○勤務延長制度
  定年がきても、退職や解雇になることなく勤務が延長される
  ○再雇用制度
  定年がきたら、退職または解雇となり、再度雇用契約を結ぶ
- **定年廃止**

第7章

その他モロモロ、こんなことも知っておきたい

～健康診断／労働基準監督署

第7章　その他モロモロ、こんなことも知っておきたい

1 健康診断 「健康診断」を受けさせるのが会社の義務なら、受けるのも義務？

◆労働安全衛生法により、会社には、従業員雇用の際と1年に1度定期的に健康診断を受けさせる義務、労働者には受診義務があり、必ず受診すべき診断項目も定められている。

★会社は労働者に、健康診断を必ず受けさせなければならない

なんだかまた、憂鬱そうな顔して——なんかあったんですか？

明日、健康診断が——。だから、夜9時以降は絶食……これがツライんですよね。でも健康診断って、絶対受けなきゃなんないものなんですかね？

先生　会社には、労働者に健康診断を受けさせる義務がありますが、労働者のほうにも健康診断の受診義務がありますからね。ここは受けておかなきゃなりませんね。

準平　え～、でも何をコンキョに、そんな……。

先生　**「労働安全衛生法」**という法律で、常時使用する労働者、つまり**正社員を雇い入れるとき、それに入社後は年に1回定期的に、健康診断を受けさせなければならない**、と決められています。

さらに**「労働安全衛生規則」**に、コマゴマとしたことまできっちり決められているんですね。

準平　コマゴマ……と、どう決められてるんです？

先生　例えば、正社員を雇い入れるときの健康診断では、健康診断の必須項目として、自覚症状や他覚症状の有無の問診、それに視力、聴力、血圧なんかが挙げられています。

準平　ひゃあ、なんか面倒。テキトーにはしょっちゃったりできないわけ？

先生　ダ～メ。原則これらの項目は必ず診断しなければいけないことになっているのです。

ただし、その前に別の健康診断を受けてから3ヵ月経っていない場合には、その健康診断を受けたときの診断項目は省略可能。この場合には、その健康診断項目についての結果を証明する書面を会社に提出しなければなりません。

準平　あ、そういえば、学校卒業する直前に、父の勤務先の会社での「家族健康診断」とやらを受けて——そのときの診断結果を会社に提出したことがあったけど、そっか。それだったんだ。で、入社以来毎年1回、健康診断受けさせられているワケですけど、なんか半日がかりでいろいろと——こういう診断項目も決められているとか？　これもなんか、パスできないのかなあ。

先生　そうですね、定期健康診断での必須項目が、きっちりぎっしり、決められています。これをパスできるとすれば、医師が必要ないと認めた項目や、雇入れ時の健康診断を受けてから1年経っていない場合には、その健康診断を受けたときの診断項目なら、パス可能ですがね。

健康診断の実施義務

会社には、正社員が**入社したとき**、また**1年に1回定期的**に健康診断を受けさせる義務がある。

★健康診断の費用は誰が負担するの？

まあ、自腹切って受けるわけじゃないってところで、いいとするか——。

あれ、それとも、もしかして健康診断の費用って、今まで気付かなかったけど、給料から天引きされてるとか？　あ、それに、健康診断に行っている間の時間分は、「ノーワーク・ノーペイ」で賃金引かれちゃってるとか？

ないです、そんな健康診断の費用が天引きされるなんてことは。**健康診断の費用は会社が負担しなければなりません**。また、健康診断を受ける時間は、基本的には労働時間にはなりませんが、一般的には健康診断の時間については賃金を支払う会社――つまり給与からその時間分の賃金を差し引いたりしない会社が多いですね。

先生　従業員の健康保持は業務と密接に関係すること――従業員の健康は仕事がスムースに進むかどうかに直接関わってきますからね。ここは賃金を支払うことが望ましいですし、費用負担も当然といえば当然、ですが――ただし、先の法律・規則で決められている健康診断以外の場合には、扱いが違ってきますね。

準平　法律・規則で決められている健康診断以外、というと――？

先生　例えば、**人間ドックや脳ドック**といったもの、それに**精密検査**については、法律・規則で定められていないんです。この場合には費用を誰が負担するのか、受診時間について賃金を支払うかどうかについては、会社が自由に決められます。ただ、本人負担の場合でも、健康保険で費用の一部を負担してくれるところもありますからね。健康保険に問い合わせてみるといいですよ。

健康診断費用と受診している時間の賃金

法定の健康診断の費用は会社が負担しなければならない。
また、健康診断受診時間については、会社は賃金を支払うのが望ましいといえる。

★パートも健康診断を受けられる？

準平　ところでさっき、「常時使用する労働者、つまり正社員」とおっしゃっていましたが、その正社員ではない、パート等の従業員なら、健康診断は受けさせなくてもいいってことですか？

先生　パート等の従業員についてはね、一定の基準を満たす者については、やはり健康診断を受けさせなければいけないことになっています。

準平　一定の、というと、どういう基準なんでしょう？

先生　まず、**①雇用契約の期間が決められていない場合、または、雇用契約の期間が決められて**

いて1年以上雇用されている場合ないし1年以上雇用される予定の場合。
それに、**②1週間の所定労働時間が、同様の仕事をする正社員の4分の3以上**である場合。
この**①②両方の基準を満たすパート等従業員**には、正社員と同じように**健康診断を受けさせなければならない**んです。

準平　じゃあ、それ以外の従業員なら、健康診断はパスでいいんですね。

先生　といっても、**1週間の所定労働時間が正社員の2分の1以上の場合には、「健康診断を受けさせることが望ましい」**とされています。従業員の健康保持という観点からみれば、基準に満たないからといって健康診断を全く受けさせなくてもいいってことではなく、就業の状況に応じて、必要があれば健康診断を受けさせることが重要なんですね。

パート等労働者の健康診断

1週間の労働時間（正社員の4分の3以上）等の基準に合致するパート等労働者には、健康診断を受けさせなければならない。

会社が従業員に受けさせなければならない健康診断

●正社員の場合●

雇入れ時の健康診断 ⇒ 正社員を雇用したときに行わなければならない
※入社時に別の健康診断を受けてから3ヵ月経っていない場合には、既に受診済みの項目を省略できる

定期健康診断 ⇒ 1年に1回定期的に行わなければならない
※雇入れ時の健康診断を受けてから1年以内の場合には、既に受診済みの項目を省略できる

＊このほか、深夜業を含む特定業務に就く者や、一定の有害業務に就く者に対しても、健康診断を行わなければならない

※**一定の有害業務**＝多量の高熱物体を取り扱う業務、エックス線にさらされる業務、病原体によって汚染の恐れが著しい業務など

●パート等労働者の場合●

◇雇用期間に定めがない場合

◇雇用期間に定めがあって、契約更新によって1年以上（＊）雇用されている場合

◇雇用期間に定めがあって、契約更新によって1年以上（＊）雇用される見込みがある場合

＊深夜業を含む業務などの特定業務に就く者については「1年以上」ではなく「6ヵ月以上」が基準になる

いずれかに該当して、かつ

1週間の所定労働時間が、同様の職に就く**正社員の4分の3以上**の場合 ⇒ 会社は健康診断を「行わなければならない」

1週間の所定労働時間が、同様の職に就く**正社員の2分の1以上**の場合 ⇒ 会社は健康診断を「行うことが望ましい」

●正社員と同じように、パート等労働者にも実施しなければならない主な健康診断●

◇雇入れ時の健康診断

◇1年に1回の定期健康診断

◇特定業務に常時従事する者に対する配置替えの際の健康診断、6ヵ月ごとの定期健康診断

◇一定の有害業務（上記参照）に従事する者に対する雇入れ・配置替え時、その後定期に行う特別の項目についての健康診断

第7章　その他モロモロ、こんなことも知っておきたい

2 労働基準監督署「労働基準法のおまわりさん」は労働者の味方？

◆労働基準監督署は主に労働条件の監督を行う行政機関。労働基準監督官は、労基法等労働法違反があるとみられるときには、会社を調査し、書類の提出を求めることができる。

★労働基準法違反の１１０番は、労働基準監督署へ！

今までいろいろうかがってきましたけど、もしも会社が労働基準法違反と思しき所業を行っていたような場合。労働組合のある会社なら組合が動いてくれるかもしれないけど、そうでない場合、なかなか会社に面と向かって「それは違反です！」なんて言えませんよね……。

そういうときには１１０番。刑法犯を取り締まるのが警察なら、ここは**労働基準監督署へ**。労働基準監督署は**労働条件を監督**する役所なんですが、**労働保険や安全衛生の業務**も扱っている、いわば**労働法関係を取り締まる交番**ですね。

それに交番でも住民相談に乗ってくれるように、労働基準監督署もしかり、**労働相談ウェルカ**

ムです。

準平　へええ、労働相談まで。じゃあ１１０番でもあり、駆け込み寺でもあり……。

先生　そう。例えば労働時間や、賃金不払いなどの問題について、労働者の相談に乗ってくれますよ。もっとも相談内容によっては、解決までもっていってもらえるとは限らないんですけどね、問題となっていることが労働基準法に触れることであれば、解決に乗り出してくれますよ。

先生　そうそう、もし会社が労働基準法に違反することを行っているとなれば、**労働者が、会社の労働基準法違反を、労働基準監督署に申告することもできる**んです。労働基準法以外の、最低賃金法〈→177頁以下〉や労働安全衛生法違反についても、同様に申告ができますよ。

準平　申告？　けどそれって、要するにチクルってことでしょ？　でもそんなことしたら、会社にいられなくなっちゃうかもしれない……。

先生　会社は、労働基準法違反等を労働基準監督署に申告したことを理由として、解雇やその他の不利益な取扱いをしてはいけない決まりです〈解雇ができないことについては→194頁〉。

準平　ただ、そうはいっても、表だって不利益な扱いは受けなくても「アイツは労基署にチクリおって……」と見られるのもちょっとなあ、って思いますけど。

先生　そういうことであれば、**匿名での申告もできます**。もちろん労働基準監督署には自分の素性は明らかにしなければなりませんが、会社に対しては「おタクの従業員の誰それからの申告で」なんてことは伏せてもらうこともできますからね。

★労働基準監督官は労働基準法のおまわりさん

で、労働基準監督署が主に労働基準法を取り締まるお役所、交番なら、ここの職員である**労働基準監督官は労働基準法のおまわりさん**。会社が労働基準法に違反していると疑われるなら、その会社を調査することができるんですね。

調査？　会社の前で張ってるとか、社長やら会社の幹部を尾行するとか……。

先生　そんなコソコソ嗅ぎまわったりはしませんよ。堂々と会社に入って、**労働者名簿や賃金台帳といった帳簿類を提出させたり、会社の担当者や従業員に質問したりすることもできる**んですね。

準平　それで、調査の結果、労働基準法違反が見つかったときには——？　おナワですか？

先生　通常は、まず、**労働基準監督官が会社に「是正勧告書」**を交付して、労働基準法違反のあることに関して改善するように、と指導をします。

準平　それでもし、会社がその是正勧告書に従わなかった場合には？

先生　**労働基準法違反には罰則も**ありますからね。あまりにも悪質な場合には、検察庁に書類送検されて、**罰金や懲役**——おナワです。おナワ頂戴してまで違反続ける会社もそうそうありません。

が、なかにはふてぶてしい会社もありますからね。

準平　ひえぇ～、書類送検ですか？　そんな権限まであるわけ？

先生　言ったでしょ。労働基準監督官は、労働基準法のおまわりさん。**おまわりさん＝司法警察職員としての職務を行うことができる**んですね。

労働基準監督署は１１０番、労働基準監督官はおまわりさん

労働基準監督署は、**労働者の労働条件を監督する行政機関**。労働者は、労働基準監督署で**労働条件について相談**したり、**会社の労働基準法違反を申告**することもできる。

労働基準監督官は、**労働基準法違反があるとみられる会社を調査**することができる。調査時には、帳簿の提出を求めたり、会社の担当者や従業員に尋問することもできる。

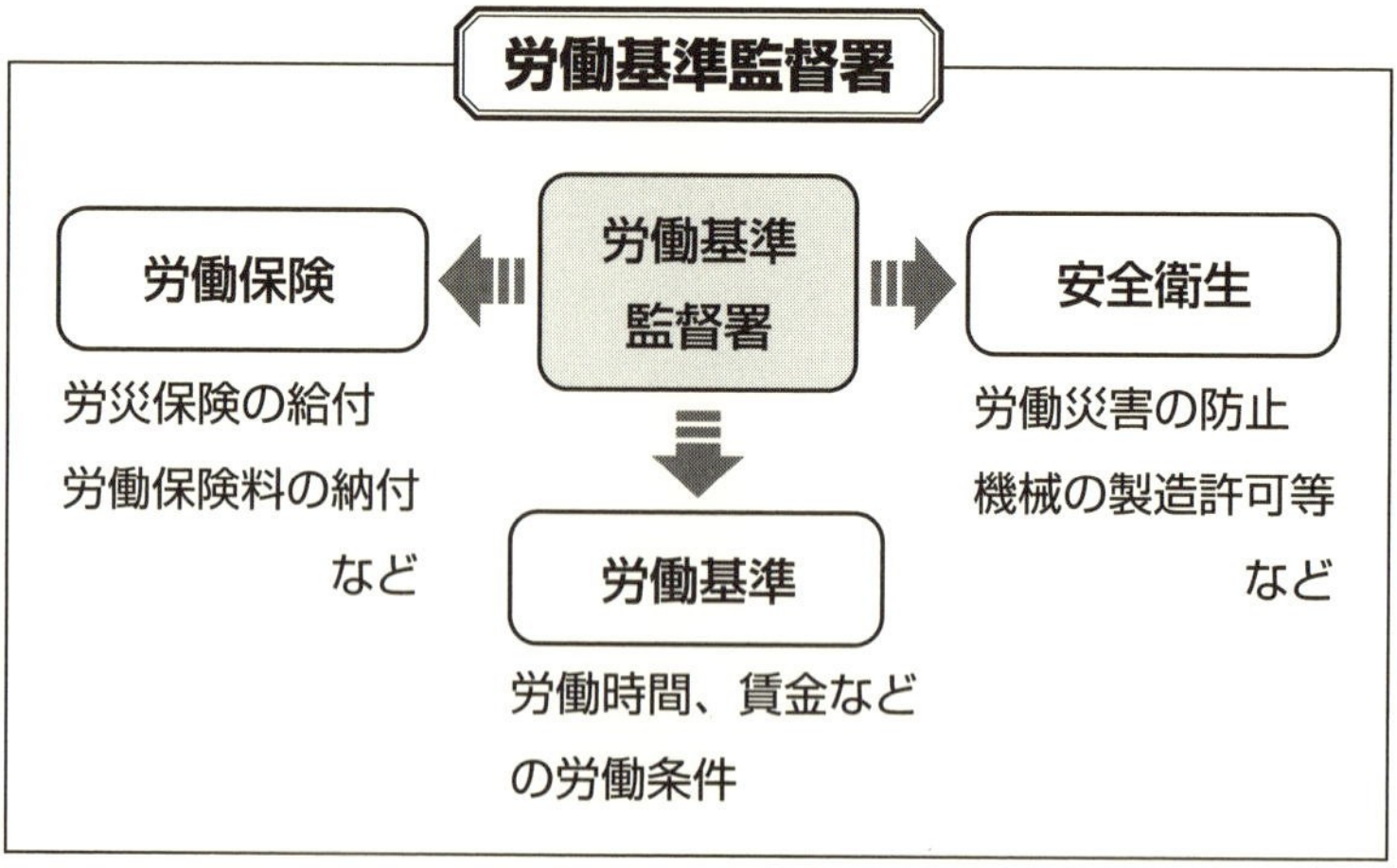
労働基準監督署
労働基準
監督署
労働保険
労災保険の給付
労働保険料の納付
など
安全衛生
労働災害の防止
機械の製造許可等
など
労働基準
労働時間、賃金など
の労働条件

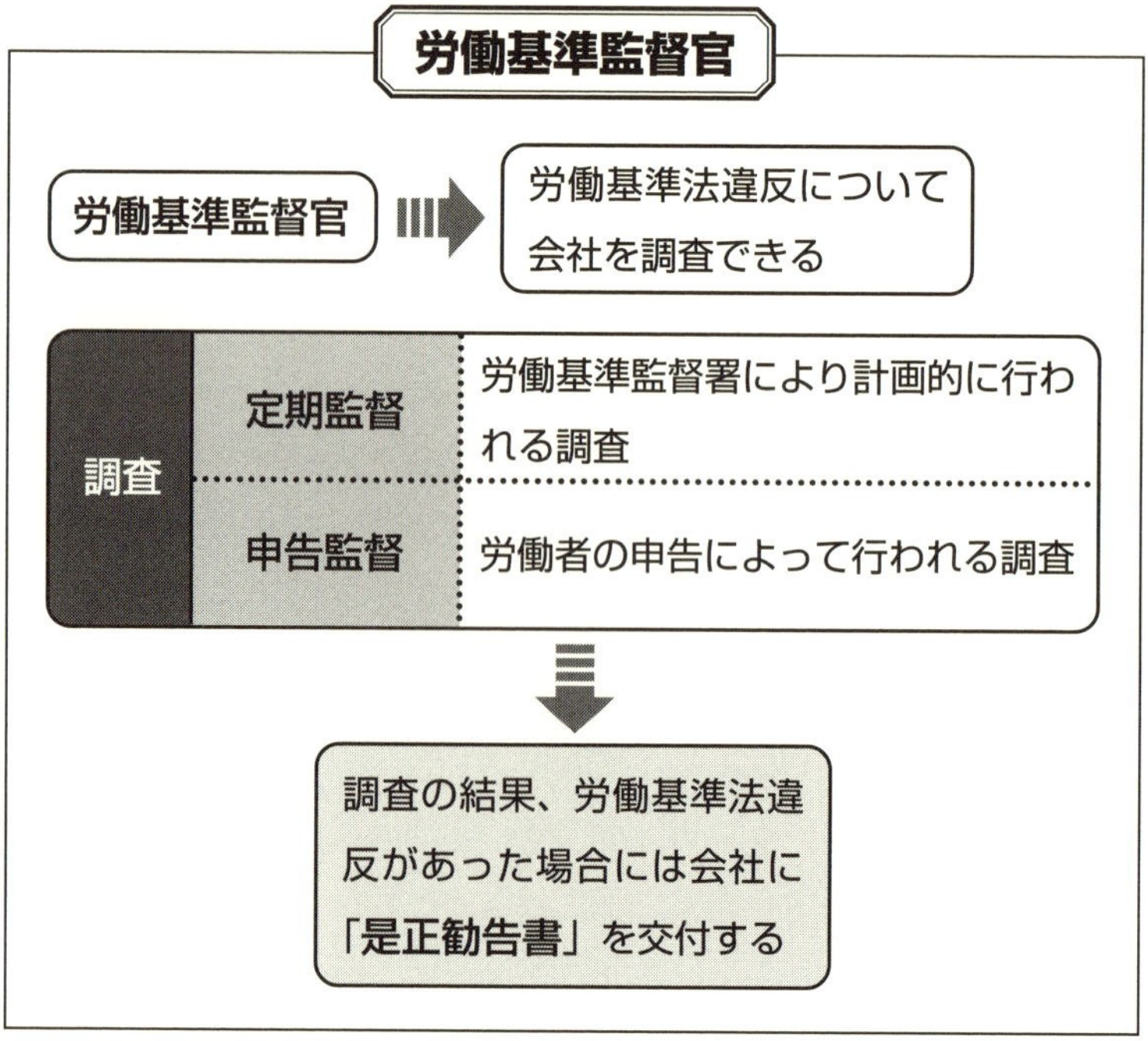
労働基準監督官
労働基準監督官
労働基準法違反について
会社を調査できる
調査
定期監督
労働基準監督署により計画的に行われる調査
申告監督
労働者の申告によって行われる調査
調査の結果、労働基準法違
反があった場合には会社に
「是正勧告書」を交付する

【著者】

安藤　幾郎（あんどう・いくろう）

社会保険労務士。1978年静岡県生まれ。中央大学経済学部卒業。2004年社会保険労務士登録。2006年特定社会保険労務士登録。
現在、会計・税務・労務・法務の総合的なサービスを提供する「アトラス総合事務所」労務部門パートナー。

社会保険労務士として、就業規則をはじめとする社内規程の整備、派遣労働者やパートタイマーといった非正規従業員の労働条件整備など、経営者サイドに立った会社を守るための労務管理指導を行っている。
著書に、「退職前後の『手続き・届出』がわかる本」「正社員以外の労働者の雇用に関する基礎知識」（以上すばる舎）、「小さな会社の給与計算と社会保険事務がわかる本」（ソーテック社）等がある。

アトラス総合事務所

住所：東京都渋谷区桜丘町31-14　岡三桜丘ビル２階
TEL：03-3464-9333
E-Mail：info@cpainoue.com
URL：http://www.cpainoue.com/

【編集】　**堀口真理**

これだけは知《し》っておきたい　労《ろう》働《どう》法《ほう》のジョーシキ

2010年４月５日　初　版　第１刷発行

著　　者　安　藤　幾　郎
発 行 者　斎　藤　博　明
発 行 所　TAC株式会社　出版事業部
（TAC出版）
〒101-8383 東京都千代田区三崎町3-2-18
西村ビル
電話　03(5276)9492(営業)
FAX　03(5276)9674
http://www.tac-school.co.jp
プリプレス　株式会社　ム　ア　ン
印　　刷　株式会社　光　邦
製　　本　東京美術紙工協業組合

ISBN 978-4-8132-3654-2

TAC出版の書籍について

書籍のご購入は

1. 全国の書店・大学生協で
2. TAC・Wセミナー各校 書籍コーナーで
3. インターネットで

TAC 出版書籍販売サイト
Cyber Book Store
http://bookstore.tac-school.co.jp/

4. お電話で

TAC出版 注文専用ダイヤル
0120-67-9625［土・日・祝を除く 9:30〜17:30］
携帯・PHS OK
※携帯・PHSからもご利用になれます。

刊行予定、新刊情報などのご案内は

TAC出版
03-5276-9492［土・日・祝を除く 9:30〜17:30］

ご意見・ご感想・お問合わせは

1. 郵送で　〒101-8383 東京都千代田区三崎町3-2-18
TAC株式会社 出版事業部 宛
2. FAXで　**03-5276-9674**
3. インターネットで

Cyber Book Store
http://bookstore.tac-school.co.jp/
トップページ内「お問合わせ」よりご送信ください。

(平成21年10月現在)